일본 시가문학 길라잡이

日本詩歌文學

일본 시가문학 길라잡이

日本詩歌文學

최충희 지음

이 저술은 교육부 및 한국연구재단 대학 인문역량 강화사업(CORE) 지원에 의해 이루어진 것임.
이 저술은 2017학년도 한국외국어대학교 교내학술연구비의 지원에 의해 이루어진 것임.

머리말

일본은 지리적으로 볼 때 우리나라와 아주 가까운 거리에 있다. 그런데도 우리는 일본을 부를 때 가깝고도 먼 나라라고 한다. 왜 멀다고 느낄까? 과거의 역사 때문만은 아닐 것이다. 아마도 그것은 일본에 대해 너무 모르기 때문에 멀게 느껴지는 게 아닐까하고 생각해 본다.

일본을 보다 더 가까이 이해하기 위해서는 우선 일본의 정치, 경제, 문화, 사회에 대해 보다 폭 넓은 이해와 정보를 가질 필요가 있다.

이 책은 일본의 시가문학을 통해 일본인의 정서를 이해함으로써 일본에 대한 이해를 돕기 위해 만들어졌다. 시가문학이라고 하면 왠지 생소하고 딱딱한 느낌이 들지만 일본의 경우는 시가문학이 실제 생활 가운데 깊이 침투되어 있다. 오늘날도 신문이나 잡지 등에 일본 시가문학의 대표적인 형태인 하이쿠, 센류, 단가 등이 수없이 많이 실리고 있다는 점을 봐도 그 위상을 알 수 있다. 이처럼 일본인들의 실생활 가운데 깊이 침투되어 일본인들의 정서를 함축적으로 표현한 일본 시가문학을 우리 한국 사람들이 이해하기는 쉽지 않다.

그래서 일본의 시가문학의 전체적인 흐름과 특징을 파악하고 실제 작품에 대한 해설 및 감상을 통해 그 실태를 이해할 수 있는 길라잡이가 필요하다고 생각하여 이 책자를 출판하게 되었다. 10여 년 전에 일본 시가문학을 가볍게 감상할 수 있는 『일본 시가문학 산책』이라는 졸저를 출간한 적이 있었는데, 그 책의 부족함을 보충하고 작품 수를 대폭 늘려 보다 더 쉽게 집필하려고 노력했다.

모쪼록 이 책을 통해 일본인의 정서를 파악함으로써 일본을 이해하는데 도움의 되기를 기대하는 바이다.

끝으로 이 책의 출판을 기획한 한국외국어대학교 지식출판원에 마음 가득한 감사를 드리고 싶다.

2017년 8월

최충희

일본 시가문학 길라잡이

일러두기

1. 이 책은 2부로 구성되어 있다.
2. 1부는 일본 시가문학 길라잡이이고 2부는 실제 일본 시가문학 작품의 해설 및 감상으로 구성되어 있다.
3. 일본어의 우리말 표기는 교육부의 표기법에 따랐다.
4. 작자와 작품은 원칙적으로 시대 순으로 나열했지만 예외도 있다.
5. 일본어의 원문의 텍스트는 시중에 유통되는 본문 중 제일 잘 알려진 본문을 가져왔다.
6. 일본어 원문에는 띄워쓰기가 없지만 의미 전달을 위해 각 구별로 띄워쓰기를 했다.
7. 와카, 하이쿠, 단가 등의 정형시의 경우는 일본어의 정형시 운율을 우리말로도 살리도록 노력했다. 즉 와카는 5,7,5,7,7 로 맞추었고, 하이쿠는 5,7,5로 맞추고, 단가는 5,7,5,7,7 에 맞추었다.
8. 가인이나 시인 등에 대한 간단한 소개는 각 작품 뒤에 실었다.

목차

詩歌文學

일본 시가문학 길라잡이

詩歌
文學

1부

일본 시가문학 길라잡이

1. 시가문학(詩歌文學)이란?

시가문학이란 문자 그대로 시(詩)와 노래(歌: 우타)라는 뜻이다. 문자적인 의미로 보면 일본의 시와 노래라는 뜻이다. 여기서 시라고 하면 여러분들이 떠올리는 시인들의 시를 가리키는 경우가 많다. 그러나 일본 문학에서 시라고 할 때에는 우리가 흔히 말하는 시 외에도 역사적으로는 중국에서 한자가 도래된 이후, 일본인들이 한자를 빌어 중국의 한시를 흉내 내어 읊기 시작하면서부터 만들어진 한시(漢詩)를 가리키는 경우가 많았다. 그러다가 메이지시대에 들어와서 서양의 poetry(영어)나 poésie(불어)의 번역어를 도입할 때, 이것을 일본어로 '시(詩)'라고 부르기 시작하면서, 현대인들은 일반적으로 이런 서양에서 들어온 형태의 근대시, 현대시 등을 시라고 부르게 되었다. 서양의 'poetry'나 'poésie'라는 말은 단순히 시 한편을 지칭하는 게 아니라, 시라는 문학이 가지고 있는 추상적인 개념 전체를 지칭하는 표현이고, 한편 한편의 시 작품을 가리킬 때도 poem(영어)나 poème(불어)이라고 불러 구별하였는데 일본어 번역에서는 이 두 가지 모두를 통틀어 '시'라고 부르게 되었다. 그리고 노래(歌: 우타) 또한 문자 그대로 '대중가요 등의 노래'라는 뜻이 아니고 일본어로 일본인의 정서를 담아 읊은 일본 고유의 운문 전체를 가리키는 말이다. 우타(歌)는 가요, 민요, 와카, 렌가, 하이카이, 하이쿠, 단가 등을 총체적으로 부를 때 사용하는 말이다. 위의 시와 노래를 모두 통틀어 지칭할 때 '시가문학'이라는 호칭을 사용한다.

2. 일본 시가문학의 흐름

일본 시가문학의 전체적인 흐름을 망라하여 정리해 가면서, 각 시대별 시가문학의 특징과 각 시대를 대표하는 시가문학 작품집이나 작자 등을 소개해 가기로 하자.

1) 상대 시대의 문학

일본 문학에서 상대라 함은 역사적인 시대로는 야마토(大和)·나라(奈良) 시대를 가리키는 표현이다. 4세기 후반에 일본은 야마토 지방을 중심으로 통일국가가 형성되었다. 이 야마토정권이 수도를 헤이조쿄(平城京: 현재의 나라)로 옮겨 정치, 경제, 문화의 중심지로 발달하였다. 그러다가 794년에 수도를 헤이안쿄(平安京: 현재의 교토)로 옮기기 직전까지를 상대라고 한다.

야마토정권은 국내적으로는 강력한 중앙집권적 율령국가의 체재로 굳혀 가는데 이때 국가체재의 모델이 된 것이 바로 중국이다. 이 당시의 중국은 수나라와 당나라 시대로 일본에서는 수나라와 당나라에 사신들을 보내 선진문물을 배워 오도록 했다. 이들을 견수사(遣隨使), 견당사(遣唐使)라고 불렀다. 이들 사신들은 중국의 정치적인 체재는 물론이고 문자인 한자(漢字), 문헌, 불교 등의 문화적인 지식도 도입해 왔다. 이때까지 고유의 문자가 없었던 일본은 역사나 문화적 소산들을 입으로 전해주는 구전(口傳)에 의존할 수밖에 없었다. 그러나 중국을 통해 한자가 들어오고 난 다음부터는 드디어 문자에 의한 기록의 시대를 맞이하게 된다.

문자가 전해지자 그동안 구전으로만 전해오던 것들을 기록으로 남기게 되면서 문학이라고 할 만한 형태가 전해지게 되는 것이다.

그럼 상대 시대의 문학 중에서 시가문학에는 어떠한 것들이 있는지 살펴보자.

(1) 가요(歌謠)

① 고대가요(古代歌謠)

고대가요는 일본 최초의 역사서라고 할 수 있는 『고지키(古事記)』, 『일본서기(日本書紀)』에 실려 있는 가요 200여 수를 지칭하는데, 이들 고대가요를 기키가요(記紀歌謠)라고도 한다. 가요란 일정한 박자를 집어넣어 직접 입으로 부르는 노래를 지칭하는 말로 현재 우리가 말하는 대중가요라고 할 때의 가요나 예부터 전해 내려오는 민요와 같은 것으로, 주로 소리 내어 노래하는 것에 주안점이 있다고 생각하면 된다. 현재 남아있는 고대가요의 내용을 보면 주로 노동, 제사, 연애, 전쟁 때 불리어진 것들이 많다. 리듬으로 보면 반복이나 대구(對句) 표현들이 자주 사용되는데 오래된 것일수록 이런 특징들이 두드러진다. 그리고 리듬적으로 보면 7,5 조나 5,7 조의 리듬이 자주 사용 된다.

② 붓소쿠세키카(仏足石歌)

일본 나라에 있는 야쿠시지(藥師寺)절에 있는 돌비석에 부처의 공적을 노래로 새긴 것이 21 수 있는데 이것을 붓소코세키카(仏足石歌)라고 한다. 서기 753년에 새긴 것으로 알려져 있는데, 이 노래는 5,7,5,7,7,7 의 리듬을 가지고 있으며 이미 가체(歌體)로서는 정형시로 자리 잡고 있음을 알 수 있다.

③ 우타가키(歌垣)

매년 정해진 날에 젊은 남녀들이 모여서 서로 노래를 주고받으며 사랑을 고백하던 행사에서 유래된 것이다. 이때 불리어진 노래를 지칭하는데 현재에는 『후도키(風土記)』에 몇 수가 남아 있다.

(2) 와카(和歌)

넓은 의미로는 중국에 한시가 있다면 일본에는 당시 일본을 지칭하는 야마토(大和)의 노래(歌)가 있다는 뜻으로 와카라고 했다. 가요와의 차이는 가요는 노래를 소리 내어 부르는 것에 주안점이 있고, 와카는 시를 짓는 것에 주안점이 있다는 것이다. 가체(歌體)에 따라 단가(短歌), 장가(長歌), 세도카(旋頭歌), 붓소쿠세키카(仏足石歌) 등으로 나뉜다.

단가(短歌)는 5,7,5,7,7 의 31자로 된 정형시이다.

장가(長歌)는 5,7,5,7... 로 이어지다가 마지막에 5,7,7 로 끝맺는 정형시이다.(265수)

세도카(旋頭歌)는 5,7,7,5,7,7 의 38자로 된 정형시이다.(62수)

붓소쿠세키카(仏足石歌)는 5,7,5,7,7,7 의 38자로된 정형시이다.(1수)

① 『만요슈(万葉集)』

일본에서 현존하는 가장 오래된 가집(歌集)으로 4500 여수의 노래가 실려 있다. 90% 이상이 단가(短歌)의 가체(歌體)를 가지고 있으며, 장가(長歌)가 265 수, 세도카(旋頭歌)가 62 수, 붓소쿠세키카(仏足石歌)가 1 수 남아있다. 정확한 편자는 알려지지 않았으나 오토모노 야카모치(大伴家持)에 의해 편찬되었다는 설이 유력하다. 『만요슈(万葉集)』가 만들어질 때에는 일본 문자가 없었기 때문에 우리나라 신라의 이두(吏頭)의 표기방법을 모방하여 일본어를 한자를 가지고 음과 훈을 적절히 표기하는 만요가나(萬葉仮名)라는 표기법을 사용하고 있다.

이 작품집에는 천황의 노래부터 서민층의 노래까지 다양한 계층의 작품을 실려 있으며, 이 야마토 시대에 일본이 다스리고 있던 일본 전역을 소재로 삼거나 각 지역 작자들의 노래를 싣고 있다는 점에서 그 스케일을 짐작할 수 있을 것이다. 현대에도 4500 수의 시를 실어 한 작품으로 엮기가 쉽지 않은데 거의 1200 여 년 전에(성립연대는 불분명하나 대략 서기 760년 전후일 것으로 짐작되고 있음) 이 정도의 작품집을 엮어내었다는 점에서 이 작품집의 문학사적 가치를 짐작할 수 있다. 『만요슈(万葉集)』라는 작품집의 이름의 유래에 대해서도 여러 가지 설이 있으나 대략 수많은 작품을 실었다는 데서 유래했다는 설과 만대에까지 이 노래들이 전해지기를 기원하여 붙였다는 설이 유력하다. 이 작품집은 일본 최초의 순수 문학 작품집이라는 이름에 걸맞게 후대 일본 문학에 미친 영향력이 지대하다. 시가문학에 뿐만이 아니라 산문문학, 극문학 등에도 많은 영향력을 미쳤다고 할 수 있다. 워낙 스케일이 크기 때문에 『만요슈(万葉集)』의 가풍을 한마디로 표현할 수 없으나 일본 문학사에서는 '마스라오부리(ますらをぶり: 솔직하고 소박하며 직선적인 표현 스타일)'라고 표현하고 있다. 여러 유명 가인들이 있지만, 그 중에서도 손꼽을 만한 대표적인 가인으로는 누카다노 오키미(額田王), 덴치천황(天智天皇), 장가의 명수인 가키노모토노 히토마로(柿本人麻呂). 오토모노 타비토(大伴旅人), 오토모노 아카히토(大伴赤人), 야마노우에노 오쿠라(山上憶良), 오토모노 야키모치(大伴家持) 등을 들 수 있다.

(3) 한시(漢詩)

중국 즉 수나라와 당나라를 통해 중국 문화가 유입됨에 따라 궁중의 귀족들 사이에서는 한시를 짓는 것이 유행하였다. 이때까지 일본 문자가 없었기 때문에 만요가나(萬葉仮名)를 통해 일본어를 표기했으나 어차피 한자를 빌어서 사용한다면 처음부터 중국 한시를 짓는 게 낫다는 생각을 했을 것이다. 이 시대의 한시집에는 『가이후소(懷風藻)』가 있다.

① 『가이후소(懷風藻)』

『가이후소(懷風藻)』는 『만요슈(万葉集)』에 앞선 서기 751년에 만들어진 한시집이다. 약 120여수의 한시를 싣고 있으며 그 대부분이 5언고시(五言古詩)로 되어 있다. 작자 명이 실려 있는 것이 64명인데, 그 중 28명이 『만요슈(万葉集)』의 가인이다. 이를 볼 때 당시 귀족들은 한시와 와카를 동시에 즐기고 있었음을 알 수 있다.

2) 중고 시대의 문학

역사적인 시대 구분으로 헤이안쿄(平安京: 현재의 교토)에 수도를 옮긴 후, 미나모토노 요리토모(源頼朝)에 의해 가마쿠라 막부(鎌倉幕府)가 개설될 때(1192년)까지의 헤이안(平安)시대를 중고 시대라고 부른다. 후지와라(藤原)씨를 중심으로 귀족들이 헤이안쿄에서 정치와 문화를 담당하던 시대이다. 이전 시대에 행해지던 중앙집권적 율령 제도는 귀족이나 사원의 사유지인 장원이 늘어감에 따라 붕괴되기 시작했다. 그 대신 장원을 많이 소유하게 된 후지와라(藤原)씨가 권력을 잡기 시작했고, 그 권력을 유지하기 위해 자신의 딸 들을 궁궐에 들여보내 왕비가 되게 하고, 본인들은 막후에서 그 권력을 휘두르기 시작했다. 이것을 섭정(攝政) 정치체제라고 한다. 이러한 귀족 중심의 시대에 일본 시가문학에는 어떤 것이 있는지 살펴보자.

(1) 한시(漢詩)

헤이안 시대 초기에는 화려했던 중국 당나라의 성당문화(盛唐文化)를 모방하던 시기로 귀족들 사이에서는 한시가 필수적인 교양의 덕목으로 꼽혔었다. 그러다 보니 궁중에서도 한시가 성행하게 되고, 드디어는 임금의 명령으로 한시집이 엮이게 되는데 이것을 칙찬한시집(勅撰漢詩集)이라고 한다. 헤이안 시대에는 칙찬

한시집(勅撰漢詩集)으로 『료운신슈(凌雲新集)』, 『분카슈레이슈(文華秀麗集)』, 『게이코쿠슈(經國集)』의 세 권이 만들어 진다.

①『료운신슈(凌雲新集)』

일본 최초의 칙찬한시집(勅撰漢詩集)으로 서기 814년에 엮어졌으며 91 수의 한시가 실려 있다. 사가천황(嵯峨天皇)의 어명으로 만들어졌으며 대표적인 편집자(일본어로는 센자〈撰者〉라고 함)로는 오노노 미네모리(小野岑守), 스가와라노 기요토모(菅原清公), 이사야마노 후미쓰구(勇山文継)등을 들 수 있다.

②『분카슈레이슈(文華秀麗集)』

앞의 『료운신슈(凌雲新集)』와 마찬가지로 사가천황(嵯峨天皇)의 어명으로 서기 818년에 만들어졌으며 148 수의 작품을 싣고 있다. 대표적인 편집자로는 후지와라노 후유쓰구(藤原冬嗣), 스가와라노 기요토모(菅原清公), 이사야마노 후미쓰구(勇山文継)등을 들 수 있다. 이 한시집은 작품을 연대나 작자별로 엮지 않고 '유람(遊覽)', '전별(餞別)" 등의 테마별로 엮고 있는데, 이 방식이 나중에 『고킨와카슈(古今和歌集)』의 편집방식(부다테: 部立て)에 영향을 끼쳤다고 할 수 있다.

③『게이코쿠슈(經國集)』

준나천황(淳和天皇)의 어명으로 서기 827년에 만들어졌으며 178 명의 작품이 실려 있다. 대표적인 편집자로는 요시미네노 야스요(良岑安世), 미나부치노 히로사다(南渕弘貞), 스가와라노 기요토모(菅原清公) 등을 들 수 있다.

④『간케분소(菅家文集)』

일본 최초의 개인 한시집이다. 서기 900년에 당시의 유명한 학자인 스가와라노 미치자네(菅原道眞)가 개인의 한시를 엮어 모은 작품집이다. 현재 일본에서는 스가와라노 미치자네를 학문의 신이라고 부르며, 기타노텐만구(北野天満宮)계통의 신사에서는 이 미치자네를 신으로 섬기며 학업이나 입시에 좋은 결과를 기대하며 기원을 비는 사람들을 볼 수 있다.

(2) 와카(和歌)

헤이안 시대 초기에는 한시의 성행으로 부진을 면치 못하던 와카가 9세기 후반에 들어오면서 다시 부활의 징조를 보이기 시작한다. 『만요슈(万葉集)』이후 거의 130 여년이 지나서부터이다. 여섯 명의 노래의 신선이라 일컬어지는 롯카센(六歌仙)이라 불리는 가인들로서 아리와라노 나리히라(在原業平), 오노노 고마치(小野小町), 소조헨조(僧正遍昭), 기센호시(喜撰法師), 오토모노 구로누시(大伴黑主), 분야노 야스히데(文屋康秀)가 있다. 이들의 등장과 더불어 와카는 다시 부활하고 마침내 일본 최초의 칙찬와카집(勅撰和歌集)인 『고킨와카슈(古今和歌集)』가 만들어지게 된다.

① 『고킨와카슈(古今和歌集)』

『고킨와카슈(古今和歌集)』는 다이고천황(醍醐天皇)의 어명으로 엮어진 일본 최초의 칙찬와카집(勅撰和歌集)이다. 임금의 어명으로 엮어졌다는 것은 일종의 국책사업으로 와카를 공인하게 되었다는 사실을 말해준다. 그 이전까지는 한시가 공식적인 문학이었다면 칙찬와카집(勅撰和歌集)를 시작으로 와카의 칙찬와카집(勅撰和歌集) 시대로 접어들게 된 것이다. 『고킨와카슈(古今和歌集)』는 『만요슈(万葉集)』이후 약 150여년에 걸쳐 나온 와카들을 집대성한 것으로 전 20권 체재로 1100 여수의 와카를 담고 있다. 이 작품집에는 장가와 세도카를 합쳐 10수를 제외한 모든 와카가 단가, 즉 5,7,5,7,7 의 가체로 정착하였음을 알려준다.

150여년의 작품을 싣다보니 정리하기가 쉽지 않은데 일반적으로 『고킨와카슈(古今和歌集)』는 세 개의 시대로 구분하여 정리하는 게 일반적이다. 즉, 작자 미상의 시대(詠み人知らず時代), 롯카센시대(六歌仙時代), 편집자들의 시대(撰者の時代)로 나누는 것이다. 작자 미상의 시대(詠み人知らず時代)는 너무 시간이 경과되어 누구의 작품인지 알 수 없는 시대라는 뜻으로 『만요슈(万葉集)』가 편찬된 이후 120여 년 동안의 작품군을 일컫는 말이다. 이 시대 와카의 특징으로는 민요풍이 강하고 소박하면서도 평범한 와카가 대부분이다. 롯카센시대는 앞에서 소개한 여섯 명의 롯카센이 활동하던 시대로 9세기 말을 가리킨다. 이 시대 작품들은 각 가인들마다 각자 나름대로의 개성적인 가풍을 보인다고 하겠다. 편집자들의 시대(撰者の時代)는 어명을 받들어 칙찬와카집을 편집한 편집자들의 시대

라는 뜻으로 『고킨와카슈(古今和歌集)』가 엮어지던 당대를 뜻한다. 『고킨와카슈(古今和歌集)』의 편집자(撰者)는 기노 도모노리(紀友則), 기노 쓰라유키(紀貫之), 미부노 다다미네(壬生忠岑), 오시코치노 미쓰네(凡河內躬恒) 네 사람이다.

이 시대의 가풍을 일본 문학에서는 '다오야케부리(たをやめぶり)'라고 하는데 기교적이면서 섬세하고 부드러운 가풍을 가졌다는 의미이다.

『고킨와카슈(古今和歌集)』를 출발점으로 하여 헤이안 시대에는 와카가 일본 문학의 중심에 자리 잡게 되어 귀족들의 모든 행사에는 와카가 읊어졌다. 특히 남녀의 사랑도 와카의 교환을 통해 서로의 감정을 교류하였기 때문에 와카를 더 잘 짓기 위한 노력들을 하게 되고, 이에 부응하여 와카의 이론이라고 할 수 있는 가론(歌論)도 성행하게 된다. 아울러 와카는 이 시대에 성행했던 모노가타리(物語) 문학이나 수필, 일기문학 등의 산문 문학에도 많은 영향력을 미치게 된다.

『고킨와카슈(古今和歌集)』이후 헤이안 시대에는 와카의 황금기라고 할 수 있다. 헤이안 시대에만 하더라도 『고킨와카슈(古今和歌集)』를 포함하여 무려 일곱 개의 칙찬와카집(勅撰和歌集) 이 만들어 진다. 그 칙찬와카집을 열거해 보면, 『고킨와카슈(古今和歌集)』, 『고센와카슈(後撰和歌集)』, 『슈이와카슈(拾遺和歌集)』, 『고슈이와카슈(後拾遺和歌集)』, 『긴요와카슈(金葉和歌集)』, 『시카와카슈(詞花和歌集)』, 『센자이와카슈(千載和歌集)』이다. 이와같이 국책사업으로 왕이 직접 어명을 내려 와카집을 만들게 할 만큼 와카의 위상이 높았던 것이다.

이들 일곱 개의 칙찬와카집에 중세 시대 초기에 만들어 지는 『신고킨와카슈(新古今和歌集)』까지를 묶어 일본 문학에서는 팔대집(八代集)이라고 부른다.

② 『고센와카슈(後撰和歌集)』

『고센와카슈(後撰和歌集)』는 무라카미(村上)천황의 어명으로 서기 951년에 만들어졌다. 편집자들은 사카노우에노 모치키(坂上望城), 기노 도키후미(紀時文), 오나카토미노 요시노부(大中臣能宣), 기요하라노 모토스케(清原元輔), 미나모토노 시타고(源順) 다섯 사람인데, 이들을 '나시쓰보노고닌(梨壺の五人)'이라고 부른다. 여기서 '나시쓰보'란 와카를 편집하기 위해 임시로 만들어진 와카도코로(和歌所)라는 관청 건물의 이름을 지칭하는 말이다.

『고센와카슈(後撰和歌集)』에는 일상생활을 다룬 소재들이 많고 와카 앞에 붙어서 와카가 읊어진 배경을 설명해 주는 '고토바가키(詞書)'라는 것이 있는데, 특히 남녀 간의 사랑을 읊은 와카에는 상당히 긴 '고토바가키(詞書)'가 붙어 있는 것들이 많다. 이런 긴 '고토바가키(詞書)'가 나중에 산문 문학인 모노가타리(物語) 문학으로 발전해 가는 계기가 된다. 남녀의 사랑을 읊은 작품들은 서로 와카를 주고받은 경우가 많은데 이런 증답가(贈答歌)가 『고센와카슈(後撰和歌集)』에는 많이 실려 있다는 특징도 있다.

③ 『슈이와카슈(拾遺和歌集)』

『슈이와카슈(拾遺和歌集)』는 가잔인(花山院)의 어명으로 서기 1005년에 만들어졌다. 당대의 유명한 학자였던 후지와라노 긴토(藤原公任)가 편집한 작품집으로, 임금 스스로도 관여하여 칙찬와카집의 모델이라 할 수 있는 『고킨와카슈(古今和歌集)』에 입각하여 작품을 엮으려고 노력했다. 실려 있는 와카는 주로 여운을 강조하는 성향을 띠고 있는 경우가 많다.

④ 『고슈이와카슈(後拾遺和歌集)』

『고슈이와카슈(後拾遺和歌集)』는 시라카와(白河)천황의 명령으로 서기 1086년에 만들어졌다. 편집자는 후지와라노 미치토시(藤原通俊)이다. 실려 있는 노래 중, 여류 가인들의 작품의 특징은 생활과 밀착된 서정적인 노래가 많다는 점이며 전체적으로는 풍경을 읊은 서경가(叙景歌)가 많다.

⑤ 『긴요와카슈(金葉和歌集)』

『고슈이와카슈(後拾遺和歌集)』는 『고슈이와카슈(後拾遺和歌集)』와 마찬가지로 시라카와(白河)천황의 명령으로 서기1127년에 만들어졌다. 편집자는 미나모토노 도시요리(源俊頼)이다. 지금까지의 와카집과는 달리 표현의 기발함을 강조하거나 참신한 용어를 많이 사용한 작품을 싣는 등 혁신적인 경향이 보이는 작품집이다.

⑥ 『시카와카슈(詞花和歌集)』

『시카와카슈(詞花和歌集)』는 스토쿠인(崇德院)천황의 어명으로 서기 1151년에 엮어진 와카집이다. 편집자는 후지와라노 아키스케(藤原顯輔)이다. 전체적인 특징으로는 예전의 와카보다는 당대의 와카를 중심으로 엮어졌다는 특징이 있다.

⑦ 『센자이와카슈(千載和歌集)』

『센자이와카슈(千載和歌集)』는 고시라카와인(後白河院)의 어명으로 1151년에 만들어졌다. 편집자는 후지와라노 도시나리(藤原俊成)이다. 작품은 옛것과 당대의 것들을 적당히 배합하여 나열하고 있다. 격동기였던 시대 배경을 중심으로 화려하던 왕조시대로의 회귀를 꿈꾸는 작품들이 많고, 인생무상이나 슬픔, 쓸쓸함 등을 읊은 노래들이 많다는 점이 특징이라 할 수 있다.

이상에서 소개한 칙찬와카집 이외에도 가인 개개인의 작품을 엮어 모은 가집들도 많이 만들어지는데 이것을 시카슈(私家集)라고 한다. 또한 와카에 대한 이론을 소개한 가론서(歌論書)도 만들어졌다.

(3) 가요(歌謠)

이 시대의 가요로는, 신사나 궁중에서 불리어지던 사이바라(催馬樂)나 가구라우타(神樂歌) 등이 있다. 그중에서도 특히 서민들의 가요라고 할 수 있는 이마요(今樣)라는 노래는 신분의 상하를 막론하고 불려졌다. 이마요는 주로 7,5조의 구를 네 번 반복(7.5.7.5.7.5.7.5)하는 형식으로 이루어져 있다. 이 이마요 작품들을 모아 엮은 가요집으로는 『료진히쇼(梁塵秘抄)』가 있다. 『료진히쇼(梁塵秘抄)』는 고시라카와인(後白河院)이 편집한 가요집으로 현존하는 작품 수는 560 수 정도이다. 노래는 주로 불교를 예찬하는 노래들로 이루어져 있다.

3) 중세 시대의 문학

중세 시대란 미나모토노 요리토모(源賴朝)가 가마쿠라(鎌倉)에 막부(幕府: 무사들이 정치를 하기 위해 만든 관청)를 개설한 1192년부터 도쿠가와 이에야스(德川家康)가 에도(江戶: 현재의 도쿄)에 막부를 개설한 1603년까지의 약 400년간을 일컫는다. 역사적인 시대 구분을 할 때에는 가마쿠라(鎌倉)시대, 남북조(南北朝)시대, 무로마치(室町)시대, 아즈치·모모야마(安土·桃山)시대를 모두 포함하는 시기이다.

중세 시대는 이전의 중고시대를 다스리던 귀족 계급을 대신하여 무사 계급이 등장하여 정치를 관장하며 장원 제도를 도입한 시기이다. 정치와 경제의 주도권을 잡기 위해 무사와 귀족과의 싸움, 무사들끼리의 세력다툼이 끊이지 않고 일어나 일본 전역은 전란으로 초토화된 시기이기도 하다. 이렇게 전란이 자주 일어나다 보니 사람들은 결국 불교에 의존하게 된다.

중고시대의 문학이 귀족 중심이었던 것과는 달리 중세 시대에는 문학의 주체가 무사나 서민 계층으로 옮겨갔다고 할 수 있다. 귀족들이 즐기던 와카는 그 세력을 잃게 되고 서민을 중심으로 한 렌가(連歌)라는 문학으로 대체되게 되고, 모노가타리 문학도 무사들 중심의 이야기로 구성되며, 속세를 등진 사람들의 수필문학 등이 성행하게 된다. 아울러 극문학으로는 일본 가면극인 노(能)의 대본 등도 등장하게 된다.

이상과 같이 전란이 끊이지 않던 무사 중심의 시대인 중세 시대에는 어떤 시가문학이 성행했는지 살펴보자.

(1) 와카(和歌)

귀족 계층이 설 자리를 잃기 시작하자 귀족들은 화려했던 이전 시대의 귀족문화를 그리워하며, 혼신의 힘을 합쳐 와카를 읊으려고 했다. 그 흔적이 중세 시대에 들어서자마자 등장한 일본의 여덟 번째 칙찬와카집인 『신코킨와카슈(新古今和歌集)』이다. 일본 문학사를 보면 임금의 명령으로 만들어진 칙찬와카집이 21개가 있는데, 그중 14개가 이 중세에 만들어진다. 얼핏 숫자상으로 보면 마치 중세 시대가 와카 문학의 전성기였던 것으로 보일 수 있다. 그러나 중세 시대에 이렇게 많은 칙찬와카집이 만들어진 이유는 막부정치의 무사들에게 밀려나 아무런 힘도 발휘할 수 없었던 왕족들이 무차별적으로 와카집을 만들도록 허락했기 때문이다. 이 점을 오해해서는 안 되는 것이다.

① 『신코킨와카슈(新古今和歌集)』

『신코킨와카슈(新古今和歌集)』는 고토바인(後鳥羽院)의 어명으로 서기 1205년에 만들어진 칙찬와카집으로 20권으로 되어 있으며 수록된 와카는 1980 수 정도이다. 편집자는 미나모토노 미치토모(源通具), 후지와라노 아리이에((藤原有家), 후지와라노 사다이에((藤原定家), 후지와라노 이에타카((藤原家隆), 아스카이 마사쓰네(飛鳥井雅經), 자쿠렌(寂蓮)의 여섯 명이다. 『신코킨와카슈(新古今和歌集)』의 대표적인 가풍으로는 유겐(幽玄: 대상과 작자와 독자가 혼연일체가 되는 작품 세계)과 우신(有心: 표현의 상징성을 통해 작자의 마음을 쏟는 작품 세계)을 들 수 있다. 대표적인 표현기법으로는 혼카도리(本歌取り: 예전 와카에 있던 표현을 갖고 와서 나름대로 개성적인 새로운 세계를 읊는 기법)나 가케코토바(掛詞: 동음이의어를 사용하여 표현세계를 확장하는 기법), 조코토바(序詞: 어떤 말 앞에 붙어 뒤에 나오는 말을 유도하는 기법), 엔고(緣語: 와카의 표현들이 서로 이미지적으로 연관성이 있어 보이는 표현들을 사용하는 기법) 등이 있는데, 이들 기법은 일본 와카에 도입된 모든 기법을 망라한 것들이다. 기법을 많이 사용했기 때문에 와카를 쉽게 이해할 수는 없다. 그러나 작품 세계가 다층 구조로 되어 있어 이미지의 확장이라는 측면에서 보면 매우 매력적인 와카들이다.

『신코킨와카슈(新古今和歌集)』는 연대적으로 보면 가마쿠라 막부 개설 이후에 엮어졌으니 중세 시대 작품집이지만, 실제로는 중고시대 말기의 세기말적인 분위기를 담고 있다는 점에서 중고시대와 중세시대의 접경 시대 문학임을 염두에 둘 필요가 있다.

『신코킨와카슈(新古今和歌集)』의 대표적인 가인으로는 사이교(西行), 후지와라노 도시나리(藤原俊成), 후지와라노 사다이에(藤原定家), 고토바인(後鳥羽院)을 꼽을 수 있다.

『신코킨와카슈(新古今和歌集)』이후의 13개의 칙찬와카집은 특별히 내세울 만한 게 없다고 해도 과언이 아니다. 칙찬와카집 외에 개인의 와카집인 시카슈(私家集)로는 사이교의 『산가슈(山家集)』와 후지와라노 사네토모(藤原實朝)의 『긴카이와카슈(金槐和歌集)』 등이 있다.

(2) 렌가(連歌)

중세 시대에는 와카를 대신하여 새로운 문학형태인 렌가(連歌)라는 문학이 성행을 한다.

형식은 와카의 5,7,5,7,7 의 리듬 중에서 가미노쿠(上句: 와카의 앞의 5,7,5 구를 가리킴)와 시모노쿠(下句: 와카의 뒤의 7,7 구)를 두 사람이 각각 읊어 이어가는 형식의 단렌가(短連歌)에서 출발했으나 중세 시대에는 여러 사람이 한곳에 모여 5,7,5 구와 7,7의 구를 이어가는 형식으로 정착했다. 즉, 한사람이 5,7,5 구를 읊으면 뒷사람이 7,7의 구를 붙이고 여기에 또 뒷사람이 5,7,5의 구를 붙이는 방식으로 이어가며 기본적으로는 100 구를 이어가는데, 이렇게 100구로 된 렌가를 햐쿠인(百韻)이라고 했다. 렌가는 기본적으로는 앞의 구(마에쿠: 前句)에 뒷사람이 붙이는 구(쓰케쿠: 付句)로 되어 있다. 그런데 제일 첫 구는 유일하게 붙이는 것이 아닌 독립된 작품인 셈이다. 렌가의 제일 첫 구를 렌가에서는 홋쿠(發句)라고 부른다. 홋쿠는 내용적으로 독립될 수 있어야 하며 읊어진 계절과 장소를 홋구 속에 넣어야 하는 규칙이 있다. 이와 같이 렌가에는 다양한 규칙들이 존재하는데 이것을 시키모쿠(式目)라고 한다. 홋쿠는 여러 가지 규칙이 필요하고 내용적으로 독립되어야 하기 때문에 모인 사람 중에서 제일 연륜이 많고 뛰어난 사람이 읊는 게 상식이다. 이 홋쿠는 나중에 완전히 5,7,5 의 형태로 독립하여 우리가 알고 있는 하이쿠(俳句)라는 문학형태로 발전하게 된다. 물론 렌가의 홋쿠가 직접적으로 하이쿠로 발전하는 것은 아니고, 렌가가 먼저 하이카이(俳諧)라는 형식의 문학으로 발전하게 되고, 이 하이카이(俳諧)의 홋쿠(發句)를 하이쿠(俳句)라고 부르게 되었다. 이 명칭은 근대시대의 마사오카 시키(正岡子規)라는 가인이 붙인 이름이다.

① 『쓰쿠바슈(菟玖波集)』

『쓰쿠바슈(菟玖波集)』는 니조 요시모토(二條良基)와 구사이(救濟) 두 사람에 의해 서기 1357년에 편집된 일본 최초의 렌가작품집으로 약 2000 여 구를 싣고 있다. 작품의 분류(部立: 와카나 렌가의 주제별 분류 방식을 지칭함)는 와카집의 모델이라 할 수 있는 『고킨와카슈(古今和歌集)』를 참고하고 있다. 작품 중에는 중고시대의 가집이나 모노가타리, 역사문헌 등에 나오는 렌가도 싣고 있지만 대부분의 작품은 중세에 들어와서 읊어진 작품들이 중심이다.

② 『미나세산긴햐쿠인(水無瀨三吟百韻)』

『미나세산긴햐쿠인(水無瀨三吟百韻)』은 서기 1488년에 렌가의 완성자라고 일컬어지는 소기(宗祇)라는 사람이 고토바인(後鳥羽院)천황의 별궁이 있던 미나세이궁(水無瀨離宮) 터에서 제자 쇼하쿠(肖柏), 소초(宗長)와 같이 읊은 100구, 즉 햐쿠인(百韻)이다. 산긴(三吟)이란 세 사람이 읊었다는 의미이다. 이 작품집에 실린 렌가 작품들은 각자가 나름대로의 역할에 최선을 다하여 개성을 지키면서도 통일성을 꾀하고 있다는 점에서 후대에 렌가의 모범 사례로 높이 평가받는 작품집이다.

③『신센쓰쿠바슈(新撰菟玖波集)』

『신센쓰쿠바슈(新撰菟玖波集)』는 서기 1495년에 소기(宗祇)가 편찬한 렌가작품집이다. 렌가의 전성기에 편찬된 렌가집인 만큼 수준 높은 작품들을 감상할 수 있다. 단지 위의 햐쿠인처럼 렌가작품 전체를 싣지 못하고 홋쿠는 홋쿠대로 싣고, 렌가는 마에쿠(前句)와 쓰케쿠(付句)만을 싣고 있어 전체의 모습을 볼 수 없기 때문에 렌가의 렌가다운 면모를 다 즐길 수는 없는 아쉬움이 남는 작품집이다.

렌가의 성행과 더불어 렌가를 잘 읊기 위해서 필요한 이론을 렌가론(連歌論)이라고 하고 이들을 정리해 놓은 책자들을 렌가론서(連歌論書)라고 한다. 렌가론서로는 니조 요시모토(二條良基)가 지은 『쓰쿠바몬도(筑波問答)』와 신케이(心敬)라는 사람이 지은 『사사메고토(ささめごと)』, 소기(宗祇)가 지은 『아즈마몬도(吾妻問答)』 등이 유명하다.

렌가라는 문학은 여러 사람이 한자리에 모여 작품을 엮어간다는 점에서 많은 인기를 받았으나 규칙이 까다롭고 혼자서 읊는 와카와 달리 여러 명이 있어야 한다는 점 때문에 중세 말이 되면 쇠퇴하기 시작한다. 그 대신 형식은 렌가의 형식대로 진행하되 내용적인 측면에서 해학적이고 풍자적인 내용을 싣는 하이카이렌가(俳諧連歌)가 유행하게 된다.

하이카이렌가의 작품집으로는 서기 1499년에 만들어진 『치쿠바쿄긴슈(竹馬狂吟集)』과 1532년에 만들어진 『신센이누쓰쿠바슈(新撰犬筑波集)』 등이 있다.

이 하이카이렌가는 다음 시대인 근세 시대에는 하이카이(俳諧)라는 문학으로 자리매김을 하게 된다.

(3) 가요(歌謠)

중세 시대의 가요를 보면 무사 계급에서는 엔쿄쿠(宴曲)라는 가요가 유행했고, 서민들 사이에서는 고우타(小歌)라는 가요가 유행했다.

중세 시대의 가요를 모아놓은 작품집으로는 『간긴슈(閑吟集)』가 있다.

①『간긴슈(閑吟集)』

1518년에 만들어진 가요집으로 311수의 가요가 실려 있다. 그중에서 서민들의 애환을 노래한 고우타(小歌)가 230수이다. 고우타(小歌)는 이마요(今様)와 같이 일정한 형식을 갖지 않는 자율시의 형태로 되어 있다. 물론 가요의 특성상 반복되는 구절이 많은 특징을 가지고 있다. 아울러 부르기 쉬우면서 서민들의 삶을 생생하게 엿볼 수 있는 노래들이 중심을 이루고 있다.

(4) 한시(漢詩)

중세 시대에는 한시는 거의 찾아볼 수 없다. 단지 무로마치 막부의 보호를 받고 있던 교토의 다섯 개의 선종 사찰을 중심으로 읊어진 한시가 있는데 이것을 일본 문학에서는 고잔(五山)문학이라고 한다. 선종의 다섯 개 사찰은 덴류지(天竜寺), 소코구지(相国寺), 겐닌지(建仁寺), 도후쿠지(東福寺), 만주지(万壽寺)를 지칭한다.

4) 근세 시대의 문학

근세 시대는 도쿠가와 이에야스(徳川家康)가 에도(江戸: 현재 도쿄)에 막부를 개설한 1603년부터 명치유신이 일어난 1868년 사이의 약 270년간을 지칭한다. 도쿠가와씨가 에도에서 정치를 했기 때문에 역사적으로는 에도(江戸)시대 또는 도쿠가와(徳川)시대라고도 칭한다.

근세 시대에는 일본 국내적으로는 봉건제도를 더욱 철저히 시행하면서 대외적으로는 쇄국을 시행해 왔다. 사농공상(士農工商)의 신분제도를 철저히 지키면서 각 지방의 영주에서 서민들에 이르기까지 일상생활의 사소한 것들까지 규제했다. 그러나 화폐경제가 발달함에 따라 주도권을 잡고 있던 무사 계급은 그 주도권을 신흥계층인 초닌(町人: 공업과 상업에 종사하는 계급의 사람을 일컫는 말)에게 넘겨주게 된다. 이 시기가 되면 문학도 무사 중심의 문학에서 초닌을 대상으로 하는 문학으로 바뀌게 된다.

이 시대의 문학은 크게 전기와 후기로 나눌 수 있다. 전기는 정치적인 중심은 에도로 옮겨 갔지만 경제의 중심은 여전히 가미가타(上方: 교토나 오사카를 중심으로 하는 지역)에 있었다. 특히 겐로쿠(元禄: 1688-1704) 연간을 중심으로 하이카이(俳諧: 서민들의 애환을 담은 시가문학), 우키요조시(浮世草子: 초닌들의 삶을 다룬 소설 종류),

조루리(浄瑠璃: 인형극의 일종) 등의 분야에서 뛰어난 작품들이 많이 등장하게 된다. 이들 에도 전기의 문학의 가미가타문학(上方)문학이라고도 한다. 후기는 정치뿐만이 아니라 경제의 중심이 완전히 에도로 옮겨간 시기를 말한다. 특히 분가(文化: 1804-1818)·분세이(文政: 1818-1830) 연간에는 요미혼(讀本: 서민들에게 교양이 될만한 소설 종류)이나 연극인 가부키(歌舞伎: 가무를 중심으로 하는 연극) 등이 성행한다. 이 후기를 에도(江戸)문학이라고도 칭한다.

이러한 근세 시대의 시가문학에는 어떤 특징들이 있는지 살펴보자.

(1) 하이카이(俳諧)

근세 시대에 시가문학의 주류를 이루고 있던 것은 하이카이(俳諧)라는 문학이다. 하이카이란 중세 시대 말에 성행했던 하이카이노렌가(俳諧の連歌)의 준말로, 골개(滑稽: 우스꽝스러운 것)를 주로 한 렌가라는 의미로 사용된 것이다. 중세 시대 말기에 이미 야마자키 소칸(山崎宗鑑)이나 아라키다 모리타케(荒木田守武) 등이 즐기기 시작하다가 근세 시대에 들어오면서 렌가적인 요소가 약해지면서 렌가라는 말을 빼고 새로운 하이카이(俳諧)문학으로서 독립하게 된다. 하이카이로 독립하는 시기에 활약한 하이진(俳人: 하이카이나 하이쿠의 작가를 지칭함)으로는 마쓰나가 데이토쿠(松永貞德)가 있다.

이 책에서는 정리의 편의상 근세 하이카이를 대표적인 학파별로 나누어 정리해 가기로 한다.

① 데이몬하이카이(貞門俳諧)

마쓰나가 데이토쿠(松永貞德:1571-1653)를 중심으로 하여 그를 추종하는 사람들이 속해 있는 학파를 가리키는 말이다. 데이몬하이카이의 특징은 그동안 와카나 렌가에서는 사용할 수 없었던 속어 등을 자유로이 구사하게 된 점이다. 이전의 와카나 렌가에서는 고상하고 우아한 표현만을 사용할 수 있었는데 이 유파에서는 파격적이라 할 만큼 일상적인 표현과 속어 등을 사용했다. 그러면서도 와카나 렌가에서 사용하던 가케코토바(掛詞: 동음이의어를 사용하는 것), 엔고(縁語(어떤 표현을 사용할 때, 기 용어에서 연상되는 관련 표현을 사용하는 것) 등의 기법도 아주 잘 사용하고 있다. 그러나 궁극적으로는 문학성이 높은 와카나 렌가 수준까지 하이카이를 끌어 올리려는 의도가 강했기에 점점 인기가 떨어지게 된다. 대표적인 문하생으로는 기타무라 기긴(北村季吟), 마쓰에 시게요리(松江重頼) 등이 있다

② 단린하이카이(談林俳諧)

니시야마 소인(西山宗因: 1605-1682)을 중심으로 활동한 학파를 말한다. 작품의 소재를 일상생활에서 찾고 표현도 마음껏 자유로이 할 수 있었다는 점에서 한때 일본 전역을 휩쓰는 선풍적인 인기를 얻었다. 대표적인 문하생으로는 소설로도 유명한 이하라 사이카쿠(井原西鶴), 다시로 쇼이(田代松意) 등이 있다. 나중에는 자유가 넘쳐 소재나 표현 등에서 자유분방한 상태로 빠지게 되고, 짧은 시간에 누가 많은 하이카이를 읊는가를 경쟁하는 야카즈(矢數)를 즐기게 되면서 그 세력이 약해져 갔다.

③ 쇼후하이카이(蕉風俳諧)

마쓰오 바쇼(松尾芭蕉: 1644-1694)를 중심으로 활약한 하이카이의 학파이다. 데이몬, 단린 학파가 언어유희에 치우친 나머지 그 빛을 잃어가고 있을 때, 실제로 단린 학파에 소속되어 활동한 경험이 있던 바쇼는 그 문제점을 극복하는 길을 모색하려고 새로운 여러 가지 시도를 하게 된다. 처음에는 중국의 한시의 기법을 하이카이에 도입하여 돌파구를 찾아가다가 결국 자연으로 돌아가 그 자연 속에서 여유를 찾아가는 작품 세계를 도입했다. 이 학파에 속했던 문하생 중에는 뛰어난 작자들이 많았는데 그들을 쇼몬노짓테쓰(蕉門の十哲)라고 불렀다. 그들 이름은 에노모토 기카쿠(榎本其角), 핫토리 란세쓰(服部嵐雪), 무카이 교라이(向井去來), 모리카와 교로쿠(森川許六), 나이토 조소(內藤丈草), 가가미 시코(各務支考), 시다 야바(志太野坡),오치 에쓰진(越智越人), 다치바나 호쿠시(立花北枝), 스기야마 산푸(杉山杉風) 이다.

바쇼의 제자들이 바쇼의 대표적인 하이카이 작품집을 편찬하여 출간했는데 그것들을 '하이카이시치부슈(俳諧七部集)'라고 한다. 구체적인 이름을 소개 하면 『후유노히(冬の日)』, 『하루노히(春の日)』, 『아라노(曠野)』, 『히사고(ひさご)』, 『사루미노(猿蓑)』, 『스미다와라(炭俵)』, 『속사루미노(續猿蓑)』이다.

바쇼는 하이쿠뿐만 아니라, 하이쿠적인 취향을 가진 산문인 하이분(俳文) 등

을 많이 남기고 있다.

대표적인 하이분(俳文)으로는 『노자라시(野ざらし)기행』, 『가시마(鹿島)기행』, 『오이노코부미(笈の小文)』, 『사라시나(更科)기행』, 『오쿠노호소미치(奥の細道)』, 『겐주안키(幻住庵記)』, 『사가(嵯峨)일기』 등이 남아 있다. 그중에서는 이름에서 알 수 있듯이 기행문이 많음을 알 수 있다. 이중에서도 『오쿠노호소미치(奥の細道)』가 가장 유명하다. 『오쿠노호소미치(奥の細道)』는 바쇼가 1689년 음력 3월 27일에 에도를 출발하여 제자 소라(曾良)와 함께 일본의 도호쿠(東北)지방과 호쿠리쿠(北陸) 지방을 고쳐 9월 6일에 오가키(大垣)에 도착할 때까지의 여행 기록을 남긴 작품이다.

④ 덴메이·가세이(天明·化政) 연간의 하이카이(俳諧)

덴메이(天明:1781-1789) 연간이 되면 쇼후(焦風)의 부흥 운동이 일어나 요사 부손(与謝蕪村), 단 다이기(炭太祇), 오시마 료타(大島蓼太), 가토 교타이(加藤暁臺) 등의 하이진이 활약한다.

또 가세이기(化政期: 분카〈1804-1818〉·분세이〈1818-1830〉기를 합쳐서 부르는 말)에는 일상생활을 소재로 한 가벼운 느낌의 하이카이를 읊은 고바야시 잇사(小林一茶)등이 맹활약을 한다. 고바야시가 활약하던 시기의 하이카이는 대중화라는 측면에서는 성공했지만 이 시기의 작품들은 너무 평범한 성향이 엿보인다.

(2) 센류(川柳)

하이카이의 유행과 더불어 일반인들의 관심을 끌게 된 것이 센류(川柳)이다. 하이카이가 앞의 구인 마에쿠(前句)에 쓰케쿠(付句)를 붙여 나가는 형식의 시가 문학인데 반하여, 센류는 쓰케쿠를 먼저 읊어 두고, 여기에 마에쿠를 붙이는 형식의 역발상적인 문학 형태에서 유래했다. 이러한 발상의 중심에 있던 인물이 가라이 센류(柄井川柳)라는 사람이었는데 이 이름에서 센류(川柳)라는 문학형태가 탄생한 것이다. 나중에 센류는 계절어(季語)나 기레지(切れ字) 등과 관계없이 5,7,5의 리듬을 가진 17자로 된 시를 부르는 호칭으로 정착하였다. 하이쿠도 5,7,5의 리듬으로 이루어진 17자의 시라는 점에서는 센류와 같아 보이지만 하이쿠에는 반드시 계절어(季語)나 기레지(切れ字)가 들어가야 한다는 점에서 차이가 있다. 센류는 발상 자체가 역발상에서 출발한 것처럼 실제 내용도 장난기가 들어 있고 풍자적이거나 말장난 같은 유희의 문학으로 정착하여, 현재에도 일본에서는 많이 지어지는 문학 형태이다. 센류의 작품집으로는 1765년에 가라이 센류(柄井川柳)가 편집한 『하이후야나기다루(誹風柳多留)』라는 작품집이 있다. 당시 사람들의 따뜻한 인심을 읊은 작품이 많이 실려 있다.

(3) 가요(歌謠)

근세 시대의 가요로는 근세 초기에 다카사부 류타쓰(高三隆達: 1527-1611)가 퍼트린 류타쓰부시(隆達節)라는 가요가 일본 전통 악기인 샤미센(三味線)의 반주로 한때 유행을 했다. 근세 초기의 가요를 모아놓은 가요집으로는 『마쓰노하(松の葉)』라는 작품집이 전해오는데, 슈 쇼켄(秀松軒) 이라는 사람이 1703년에 편찬하여 출간한 것이다.

근세 후기가 되면 '나가우타(長唄)', '고우타(小唄)', '하우타(端唄)' 등이 가요로 불리어졌다.

(4) 와카(和歌)

와카는 중세 시대 이후에 쇠퇴의 길을 걸어 왔다. 와카를 대신하는 렌가나 하이카이 등의 새로운 시가 문학에 밀려 세력을 잃었던 것이다. 그런데 근세 시대에 들어오면 와카가 다시 읊어지게 된다. 그 이유는 이 시기에 이미 고전이 되어버린 일본의 명작들을 읽기 위해 고전을 연구하는 국학자들이 있었기 때문이다. 대표적인 국학자들의 이름을 소개해 보면, 게이추(契沖: 1640-1701), 가다노 아즈마마로(荷田春滿: 1669-1736), 가모노 마부치(賀茂眞淵: 1697-1769), 모토오리 노부나가(本居宣長:1627-1705), 가가와 가게키(香川景樹: 1768-1843), 료칸(良寬: 1758-1831), 다치바나 아케미(橘曙覽: 1812-1868) 등이 유명하다. 이들 국학자들은 고전을 연구하여 주석을 다는 한편 실제로도 고전에서 배운 와카를 지으며 와카를 전수하는데 일익을 담당했다.

(5) 교카(狂歌)

와카는 고전을 연구하는 국학자들 사이에서는 읊어졌지만 실제 이 시대의 주요한 문학 향수층인 초닌(町人) 계급의 사람들이 익히기에는 너무나도 어려웠다. 초닌들은 정통 와카는 이해하지 못했지만 5,7,5,7,7의 리듬을 지닌 교카(狂歌)라는 문학 형태는 즐기고 있었다. 이름을 보면 알 수 있듯이 와카와는 달리 비속한 표현이나 에도시대를 풍자하거나 비꼬는 내용을 담아 5,7,5,7,7의 31자로 지었던 것이다. 대표적인 교카 작자로는 쇼쿠 산진(蜀山人: 1749-1823), 야도야노 메시모리(宿屋飯盛: 1753-1830) 등이 있다.

(6) 한시

근세 시대에는 막부의 보호를 받아 중국의 유학(儒學) 연구가 활발하게 이루어졌다. 유학을 권장하면서 자연스레 유학자들 사이에서는 한시도 읊어지게 되었다. 에도 막부는 특히 주자학을 공식 학문으로 인정하여 유학자 하야시 라잔(林羅山: 1583-1657)을 등용했다. 이 밖에도 양명학은 나카에 도주(中江藤樹)가 주도하였다. 이외에도 한학자로서는 이토 진사이(伊藤人斎)와 오규 소라이(荻生徂徠)등이 유명하다.

5) 근대 시대의 문학

근대 시대는 도쿠가와 막부 체재가 붕괴되고 메이지(明治)정부가 탄생한 1868년부터 오늘날까지를 가리킨다. 근대라는 시대의 범위가 너무 광범위해서 2차대전 이전을 근대, 2차 대전 이후를 현대로 나누는 것이다. 여기에서는 일본 문학 전체를 논하지 않고 시가문학에 국한하여 살펴보기 때문에 그냥 근대 시대라고 부르기로 한다. 일본의 근대화는 경제적으로는 자본주의화를 뜻하고 사회적으로는 시민사회를 목표로 삼고 있었다고 할 수 있다. 그러나 이러한 근대화는 일본 내부의 자발적인 것이라기보다는 외국의 압력에 의한 외발적인 것이었고 너무 빨리 서구를 따라잡으려는 무모함 때문에 여러 가지 문제점과 모순점들을 지니고 있었다. 이와 같은 시대적 배경이 문학 당사자들에게도 영향을 미쳐 그러한 문제점들을 문학에서 다루기 시작한다. 단지 문학에 있어 고무적인 것은 근대화의 중심에 있던 교육제도의 확충으로 문맹자가 적어지고 독서 인구가 늘어났다는 점이다.

여기에서는 일본 근대 문학 중에서 시가 문학에 국한하여 그 특징과 작자, 작품 등에 대해서 살펴본다. 근대의 시가문학 작품이나 시인이 너무나 많기 때문에 여기서의 설명은 시집이나 문예사조, 동인지, 시인 등 특기할 만한 것이 있는 경우에 특별한 원칙 없이 설명해 나가기로 한다. 가능하다면 시대적인 순서에 따르려고 노력했다. 시의 경우는 너무 범위가 광범위하여 설명의 편의상 근대시, 현대시, 전후시의 세 시기로 구분하여 설명했다.

(1) 근대시

메이지 시대가 되어도 시(詩)라고 하면 한시만 있었을 뿐, 현재 우리가 알고 있는 형태의 시는 존재하지 않았다. 1882년에 처음으로 서양의 시의 형태를 도입하여 새로운 문학을 시도한 『신체시초(新體詩抄)』라는 책에 의해서 비로소 근대시의 역사가 시작된 셈이나. 신체시는 한편에서는 새롭다는 의미로 환영을 받았지만 다른 한편에서는 반발도 있었다.

① 『신체시초(新體詩抄)』

1882년에 만들어진 것으로 영국시를 중심으로 번역시 14편과 창작시 5편을 싣고 있다. 이 작품집의 필자들은 심리학과 사학을 전공한 도야마 마사카즈(外山正一), 식물학을 전공한 야타베 요키치(矢田部良吉), 철학을 전공한 이노우에 데쓰지로(井上哲次郎) 인데 문학을 하는 사람들이 아니었기 때문에 작품의 문학성은 낮은 편이다. 그러나 메이지 시대에 장편서사시를 선도했다는 점은 인정할 만하다.

② 『오모카게(於母影)』

『오모카게(於母影)』는 독일 유학에서 돌아온 모리 오가이(森鷗外)가 오치아이 나오부미(落合直文) 등과 함께 신세이샤(新聲社)라는 단체를 결성하여 1889년에 출간한 번역시집이다. 독일시를 일본어로 번역한 작품이 많은데 원시가 가지고 있는 리듬과 향기를 살리려고 노력한 흔적이 보이는 작품집이다.

③ 『와카나슈(若菜集)』

『와카나슈(若菜集)』는 시마자키 도손의 시집이다 시마자키 도손은 기타무라도코쿠(北村透谷) 등과 『문학계(文學界)』를 중심으로 활약하였다. 도손은 『와카나슈(若菜集)』를 통해 새로운 시의 시대를 연 사람이다. 이로 인해 시마자키 도손을 근대시의 아버지라 일컫기도 한다. 이 시집 속의 작품 중에서 '첫사랑(超恋)' 이라는 시와 '파도소리(潮音)'라는 시가 유명하다. 그는 이외에도 『히토하부네(一葉舟)』, 『나쓰쿠사(夏草)』, 『라쿠바이슈(落梅集)』 등의 시집을 출간하여 많은 호평을 받았다. 도손의 시 외에도 소설가로도 이름을 알렸다.

④ 『해조음(海潮音)』

『해조음(海潮音)』은 우에다 빈(上田敏)에 의해 1905년에 출간된 번역시집이다. 유럽의 상징시 57편을 번역하여 소개하고 있다. 이 번역시집의 서문은 시에 대한 이론을 소개한 일본 최초의 시론(詩論)이라고 한다. 특히 번역을 할 때 일본의 전통 시가문학의 리듬인 5,7,조나 7,5조의 리듬을 살리고 있다는 점에서 높은 평가를 받는다.

⑤ 『자슈몬(邪宗門)』

『자슈몬(邪宗門)』은 상징시의 대가인 기타하라 하쿠슈(北原白秋)의 시집이다. 이국정서가 엿보이는 시집으로 좀 난해한 면이 있다. 하쿠슈는 이외에도 『추억(思ひ出)』이라는 시집이 있는데 감각과 관능에 의한 정서적인 상징시를 확립한 시집으로 알려져 있다.

⑥ 『도정(道程)』

『도정(道程』은 다카무라 코타로(高村光太郎)의 시집으로 일본 문학사에서는 구어자유시를 확립한 시집으로 알려져 있다. 다카무라 코타로는 일본의 유명한 조각가 가문에서 태어나 유럽 유학을 다녀온 이후 탐미적이면서도 데카당스한 작품 세계에 몰입한 시인이다. 자신의 부인과의 사랑과 사별을 노래한 시집 『치에코쇼(智恵子抄)』도 아주 잘 알려져 있다.

⑦ 『달을 향해 짖다(月に吠える)』

『달을 향해 짖다(月に吠える)』는 하기와라 사쿠타로(萩原朔太郎)의 대표시집으

로 1917년에 출간된 것이다. 시어 하나하나가 인간의 존재와 동등한 무게를 가진다는 의미를 알려주는 시집이다. 이 구어자유시의 시집은 형태적인 면에서나 내용적인 면에서 근대시로서 완벽하다고 할 수 있다. 하기와라 사쿠타로는 근대인들의 불안감, 권태감, 초조함, 고독함 등을 잘 표현한 시인으로 알려져 있다.

⑧『봄과 수라(春と修羅)』

『봄과 수라(春と修羅)』는 미야지와 겐지(宮澤賢治)의 시집으로 1924년에 출간되었다. 미야지와 겐지(宮澤賢治)는 살아 있을 때에는 별로 알려지지 않은 시인이었는데 죽고 나서 그의 시가 지닌 투명에 가까운 영혼의 세계를 읊은 시인으로 알려지면서 유명해졌다. 그의 시는 어휘적인 측면에서 나름대로의 특징이 있는데, 천문이나 지질, 화학 등의 용어와 지방의 방언 등도 그의 방식으로 시에 도입하였다. 그의 시의 밑바닥에는 늘 불교의 법화경의 세계가 깔려 있다.

(2) 현대시

다이쇼시대((大正: 1922-1926) 말기는 관동대지진(1923년)이나 세계경제공황 등으로 사회적으로 혼란하던 시기로 시에도 형식의 파괴나 정서, 운율 등의 변혁이 일어나기 시작한다. 이 시기부터 1945년 제2차 세계대전에서 일본의 패전까지를 현대시로 구분하여 설명한다.

①『월하의 일군(月下一群)』

『월하의 일군(月下一群)』은 호리구치 다이가쿠(堀口大學)의 번역시집으로 1925년에 출간되었다. 이 시집을 일본 현대시의 출발점으로 보는 경우가 일반적이다. 번역시이기는 하지만 그 이전의 시와는 완전히 다른 현대적인 언어 감각을 살려 번역을 했고 내용도 기치가 넘치는 내용으로 근대시의 한계를 뛰어넘었다는 점에서 현대시의 출발점으로 보는 것이다. 아울러 서양의 초현실주의인 슈어 리얼리즘이나 다다이즘 등을 소개하여 현대시가 나아갈 바를 제시했기 때문이다.

② 프롤레타리아 시와 다다이즘

다이쇼 말기에서 쇼와 초기에 걸쳐 프롤레타리아 문학이 유행을 하게 된다.

프롤레타리아 시의 시인으로는 나카노 시게하루(中野重治), 오노 도자부로(小野十三郎), 오구마 히데오(小熊秀雄), 쓰보이 시게지(壺井繁治) 등이 활약했다.

프롤레타리아 시가 유행했던 비슷한 시기에 다다이즘시도 성행을 했다. 호리구치 다이가쿠(堀口大學)의 슈어 리얼리즘의 영향을 받은 시인들이 동인지 『시와 시론(詩と詩論)』을 창간하여 활동했다. 대표적인 시인으로는 니시와키 준자부로(西脇順三郎), 『측량선(側量船)』이라는 시집으로 유명한 미요시 다쓰지(三好達治), 『체조시집(體操詩集)』이라는 시집을 낸 무라노 시로(村野四郎) 등이 있다.

③시키(四季)파와 레키테이(歷程)파

시키파는 1933년에 창간된 시 동인지 『시키(四季)』를 중심으로 활약한 시인을 말한다. 동인지 이름에서 알 수 있듯이 시키파는 자연에 대한 예리한 감수성과 지적 미의식을 중심으로 서정적인 시를 실었다. 대표적인 시인으로는 『구사센리(草千里)』라는 시집을 낸 미요시 다쓰지(三好達治), 『염소의 노래(山羊の歌)』라는 시집을 낸 나카하라 추야(中原中也), 『원추리 꽃에 부치다(萱草に寄す)』라는 시집을 낸 다치바라 미치조(立原道造) 등이 있다.

레키테이파는 1935년에 발간된 시 동인지 『레키테이(歷程)』를 중심으로 활약한 시인을 말한다. 레키테이파는 주로 서민들의 생활이나 인생에 대한 탐구 등을 담은 시들이 많다. 대표적인 시인으로는 『후지산(富士山)』이라는 시집을 낸 쿠사노 신페이(草野心平)와 가네코 미쓰하루(金子光晴), 『오사카(大阪)』라는 시집을 낸 오노 도자부로(小野十三郎) 등이 있다.

(3) 전후시

1945년 제2차 세계대전에서 일본이 패전한 이후 현재까지의 시를 말한다. 패전 이후 일본 시가문학에도 공백기가 있었지만 그리 길지는 않았다. 일반적으로 전후시의 출발점을 1947년에 발간된 시 동인지 『황무지(荒地)』로 본다.

① 『황무지(荒地)』

『황무지(荒地)』는 패전 이전의 모더니즘을 비판하면서 '현대는 황무지와 같다'

라는 인식하에 문명과 인간 간의 상관관계를 시에 나타내고자 모인 사람들의 동인지이다. 여기서 활동한 시인으로는 『황무지(荒地)』 아유카와 노부오(鮎川信夫), 미요시 도요이치로(三好豊一郎), 다무라 류이치(田村隆一) 등이 있다.

② 『열도(列島)』

전쟁 전의 플로레타리아 문학을 비판적으로 계승하면서 사회개혁과의 상관관계를 중심으로 새로운 시작활동을 시작한 동인잡지이다. 여기에 참가한 시인으로는 세키네 히로시(關根弘), 하세가와 류세이(長谷川龍生), 안도 쓰구오(安東次男)가 있다.

③ 『레키테이(歷程)』

『레키테이(歷程)』는 전쟁 전에 있었던 쿠사노 신페이(草野心平)를 중심으로 한 『레키테이(歷程)』를 복간한 것이다. 여기에 동참한 시인에는 야마모토 다로(山本太郎), 이시가키 린(石垣りん), 아이다 쓰구오(會田繼雄) 등이 있다.

④ 『가이(櫂)』

『가이(櫂)』는 서정과 형이상학적인 사고를 융합한 시 정신을 제창한 동인지이다. 여기에 동참한 시인으로는 이비라키 노리코(茨木のり子), 다니카와 슌타로(谷川俊太郎), 오오카 마코토(大岡信) 등이 있다.

(4) 근대 단가

근대 단가란, 상대 시대에 만들어진 『만요슈(万葉集)』에 사용된 단가(이것은 5,7,5,7…,5,7,7 의 장가와의 구분을 위해 5,7,5,7,7 을 단가라고 불렀음)와 달리 근대 시대에 들어와서 자유와 개성을 추구하며 5,7,5,7,7 의 리듬에 맞추어 읊은 시를 근대 단가라고 불러 구별하였다. 근대 단가의 출발점은 일반적으로 아사카샤(淺香社)라는 동인 결사단체를 출발점으로 본다.

① 아사카샤(淺香社)

아사카샤(淺香社)는 그 동안의 단가가 가진 구태의연함을 쇄신하고자 1893년에 결성된 동인단체이다. 이 단체를 중심으로 근대적인 정신에 입각하여 자유와 개성을 추구하는 단가를 읊기 시작하여 바야흐로 근대 단가의 시대가 열렸다고 볼 수 있다. 이 단체에서 활동한 가인으로는 오치아이 나오후미(落合直文), 요사노 뎃칸(與謝野鐵幹) 등이 있다.

② 마사오카 시키(正岡子規)

마사오카 시키(正岡子規)는 『노래를 읊는 사람들에게 보내는 글(歌よみに與ふる書)』에서 당시 가인들이 와카의 모범으로 삼았던 『고킨와카슈(古今和歌集)』를 부정하고 그것을 추종하는 사람들을 비판했다. 특히 언어유희적인 측면이 강했던 전통 와카를 혁신해야 한다고 제창했다. 그리고 전통 와카에서는 보기 힘들었던 사생(寫生)이라는 방법을 도입하여 새로운 근대 단가를 발표했다.

③ 『명성(明星)』

『명성(明星)』은 요사노 뎃칸(與謝野鐵幹)이 만든 근대 시대의 문학과 예술을 위한 동인지이다. 요사노 뎃칸(與謝野鐵幹)의 부인인 요사노 아키코(與謝野晶子) 도 여기에 동참하여 단가를 지었다. 두 사람의 연애시절의 감정을 읊은 요사노 아키코의 가집이 『헝클어진 머리카락(亂れ髮)』이다.

④ 『아라라기(あららぎ)』

『아라라기(あららぎ)』는 마사오카 시키의 제자 그룹이 스승의 위대한 일을 이어받고자 만든 동인지이다. 여기에 동참한 가인으로는 이토 사치오(伊藤左千夫), 나가쓰카 다카시(長塚節) 등이 있다.

⑤ 자연주의 가인

메이지 40년대에는 자연주의의 영향을 받아 단가의 세계에도 자연주의를 제창하는 가인들의 작품이 등장한다. 대표적인 가인으로는 『이별(別離)』이라는 가집을 남긴 와카야마 보쿠스이(若山牧水)와 『수확(收穫)』이라는 가집을 남긴 마에다 유구레(前田夕暮) 등이 있다.

⑥ 탐미파 가인

자연주의 문학에 반대하는 그룹의 가인들이 잡지 『스바루(スバル)』를 중심으로 활약한 기타하라 하쿠슈(北原白秋), 요시이 이사무(吉井勇) 등이 있다.

⑦ 생활파 가인

자신의 궁핍한 생활을 응시하면서 사회주의적인 성향을 띤 가인들의 지칭하는 말로 『한 줌의 모래(一握の砂)』라는 가집을 남긴 이시카와 다쿠보쿠(石川啄木)와 『석양 무렵에(黃昏に)』라는 가집을 남긴 도키 아이카(土岐哀果) 등이 있다.

⑧ 사이토 모키치(齋藤茂吉)

사이토 모키치(齋藤茂吉)는 마사오카 시키의 전통을 이어받아 31사로 된 근대 단가를 대성시킨 가인이다. 그는 마사오카 시키의 '사생'을 '자연을 옮긴다'는 의미로만이 아니라 '인생, 즉 생을 옮긴다는 의미로의 사생'으로 발전시켰다. 대표적인 가집으로는 『적광(赤光)』이 있다.

사이토 모키치 이후, 근대 단가는 쇠퇴의 길을 걷게 되는데, 그 가운데서도 기억할 만한 가인들을 찾아보면 다음과 같다.

아라라기의 맥을 잇는 가인으로 쓰치야 분메이(土屋文明)라는 가인이 있다. 기타하라 하쿠슈의 제자들 중에는 기마타 오사무(木俣修), 미야 슈지(宮柊二) 등이 있다.

전후에는 미야 슈지(宮柊二) 와 쓰치야 분메이(土屋文明)등이 여전히 활약하고 있으며 여류가인으로는 곤도 요시미(近藤芳美) 등의 활약이 눈에 뜨인다.

(5) 하이쿠

하이쿠라는 용어가 처음부터 일본 문학에 있었던 것은 아니다. 전통 시가문학 중에서 중세 시대에 성행했던 렌가(連歌)와 근세 시대에 성행했던 하이카이(俳諧)는 5,7,5의 구에 7,7구를 붙이고 그 다음 사람이 5,7,5 구를 이어가는 특이한 방식을 가지고 있었다. 최초의 구를 홋쿠(發句)를 제외한 나머지 구들은 앞의 구(前句)에 구를 붙여 나가는 형식의 쓰케쿠(付句)인 셈이다. 이 홋쿠, 즉 하이카이(俳諧)의 홋쿠(發句)를 줄여서 마사오카 시키(正岡子規)라는 가인이 하이쿠(俳句)라는 용어를 사용하기 시작했다.

근대 시기인 메이지 초기에도 여전히 하이카이가 성행을 했다. 하지만 내용이나 표현이 평범하면서도 너무 진부하여 문학성이 떨어지기 시작했다. 이것을 마사오카 시키는 쓰키나미하이카이(月並俳諧: 평범하고 진부한 하이카이라는 뜻)라고 비판하면서 하이쿠(俳句) 혁신 운동을 불러일으키면서 비로소 하이쿠가 새로운 문학의 유형으로 인정받게 된다.

① 마사오카 시키(正岡子規)

마시오카 시키는 기존의 하이카이 홋쿠의 구태의연함을 비판하면서 하이쿠의 개혁을 제창했다. 특히 일본적 자연을 살린 '사생'을 강조하면서 하이카이의 홋쿠(發句)의 독립성과 완결성을 강조했다. 하이쿠 전문 잡지인 『호토토기스(ホトトギス)』의 창간호부터 편집인으로 참가하여 하이진(俳人)의 저변확대에도 지대한 영향을 미쳤다. 『호토토기스(ホトトギス)』라는 잡지는 1893년에 창간된 이래 현재까지 살아있다는 점을 볼 때, 일본 문학에서 하이쿠가 차지하는 위상이 어느 정도인지 짐작해 볼 수 있는 척도가 된다고 할 수 있다. 잡지 이름인 호토토기스(ホトトギス)는 우리말로 '두견새'를 뜻하는 말인데, 이 잡지명 또한 마사오카 시키의 필명인 시키(子規)도 한자어로 '두견새'라는 뜻인 점에서 착안하여 붙인 것이다. 그만큼 마사오카 시키의 위상과 잡지 『호토토기스(ホトトギス)』의 위상이 높았음을 알 수 있다.

② 신경향하이쿠(新傾向俳句)

가와히가시 헤키고도(河東碧梧桐)이라는 하이진은 전통적인 하이쿠의 정형성을 부정하며 리듬이나 운율을 무시하고 마음 내키는 대로 읊는 것이 하이쿠라는 운동을 펼치게 된다. 전국 곳곳을 돌며 신경향하이쿠의 매력을 피력하며 다녔다. 이 운동에 동참한 하이진으로는 나가쓰카 잇페키로(長塚一碧樓), 오기와라 세이센수이(荻原井泉水), 오자키 호사이(尾崎放哉), 다네다 산토카(種田山頭火) 등이 있다.

③ 다카하마 교시(高濱虛子)

처음에는 하이쿠보다는 소설이나 사생문에 관심을 가졌다가 마사오카 시키가 죽은 다음에 『호토토기스(ホトトギス)』의 편집인이 되면서 다시 하이쿠의 세계로 복귀하게 된다. 그는 하이쿠가 전통 시가문학인 하이카이를 계승한 문학인만큼, 5,7,5의 정형성과 계절어(季語)를 중시하면서 근대적인 사생도 필요하다고 했다. 그러다 보니 자연스레 신경향하이쿠와 대립을 하게 된다. 다카하마 교시를 일본 문학에서는 근대 하이쿠의 대성자라고 일컬을 정도이다.

다카하마 교시와 더불어 『호토토기스(ホトトギス)』에서 활약한 문하생으로는 무라카미 기조(村上鬼城)이다 다코쓰(飯田蛇笏), 마에다 후라(前田普羅) 등이 있다.

하이쿠는 『호토토기스(ホトトギス)』라는 하이쿠 잡지를 통해 지금까지도 여전히 많은 하이진을 남기고 있는데 쇼와기에 활약한 주요 하이진의 이름을 들어보면, 미즈하라 슈오시(水原秋櫻子), 야마구치 세이코(山口誓子), 나카무라 구사다오(中村草田男), 사이토 산키(西東三鬼) 등이 있고, 전후에는 가네코 도타(金子兜太), 다카와 슈고(鷹羽狩行) 등이 있다.

하이쿠는 짧은 시의 형태를 가지고 있고 누구나가 쉽게 읊을 수 있다는 매력 때문에 현재도 일본인들의 남녀노소는 물론이고 외국으로까지 퍼져 외국어로 읊는 문학으로 알려지기 시작했을 정도이다. 일본의 주요 일간지의 석간이나 주말 판에는 반드시 하이쿠 투고란이 있을 정도로 많은 작가층을 가지고 있다. 세계 각국마다 고유의 문학 행태가 있지만 하이쿠만큼 오랜 기간 동안 많은 사람들에 의해 읊어지는 정형시는 찾아보기 어려울 것 같다.

3. 일본 시가문학의 스타일

일본 시가문학에는 여러 가지 스타일의 시가문학이 존재한다. 대부분의 작품들이 정형의 형태를 띠고 있는 경우가 많기 때문에 이것들을 일괄하여 파악할 필요가 있다. 정형이 아닌 경우는 굳이 기술할 필요가 없을 것 같아 여기서는 기술하지 않았다. 특기할 것은 아래의 모든 시가문학의 스타일의 기본이 5음과 7음으로 되어 있다는 점이다. 이것들이 경우에 따라서는 5,7 조로 이어지기도 하고 7,5 조로 이어지기도 한다는 점을 유의하면 도움이 될 것이다.

① 단가(短歌): 5,7,5,7,7

단가는 길게 이어지는 장가(長歌)를 의식해 붙인 표현이다. 『만요슈(万葉集)』에서는 총 4500여 수 중, 단가가 4200여 수 정도 만들어졌다. 밑에 나오는 와카도 넓은 의미로는 단가에 속한다고 할 수 있다. 근대에 들어오면 전통적인 고전 단가와 구별하기 위해 '근대 단가'라는 이름을 붙이는 경우도 있다. 스타일 면에서는 일본 시가문학에서 제일 많이 읊어지는 형태이다.

② 와카(和歌): 5,7,5,7,7

와카는 중국의 한시를 의식하여 일본, 즉 당시의 야마토(大和)의 노래(歌)라는 말에서 유래했다. 형태적으로는 단가의 형태와 같다. 와카라는 명칭은 일본 최초의 칙찬와카집인 『고킨와카슈(古今和歌集)』의 가나서문(假名序)에서 처음으로 야마토우타(大和歌)라는 말이 사용되었다.

③ 한카(反歌): 5,7,5,7,7

장가에는 뒤에 한카가 오는 경우가 많다. 장가는 길기 때문에 마지막에 다시 한번 짧게 정리해 준다는 의미로 붙였다는 설이 있으나 확실하지는 않다,

④ 교카(狂歌): 5,7,5,7,7

근세 시대에 서민들의 정서를 담아 읊은 노래를 일컫는데 형태적으로는 단가와 같다.

⑤ 하이쿠(俳句): 5,7,5

하이카이(俳諧)의 홋쿠(發句)의 준말로 이름은 근대 시대에 붙어진 이름이다. 넓은 의미로는 근세 시대의 하이카이 홋쿠도 하이쿠에 넣어 일컫는 경우가 많다.

⑥ 홋쿠(發句): 5,7,5

렌가나 하이카이의 제일 처음에 오는 구를 말한다. 이것이 나중에는 한 구만으로 독립하여 하이쿠라고 불렀다.

⑦ 장가(長歌): 5,7,5,7,5,7 …… 5,7,7

단가와는 달리 5,7,5,7의 리듬을 길게 읊어 가다가 마지막을 5,7,7로 마무리 짓는 시의 형태를 말한다. 『만요슈(万葉集)』에서는 총 4500여 수 중, 장가가 260여 수 실려 있으나 서서히 장기의 형태는 사라진다. 장가 뒤에는 반드시 한가(反歌)가 오는 경우가 많다.

⑧ 가타우타(片歌): 5,7,7

일본 상대 시대의 가요 등에 사용된 형태로 주로 두 사람이 짧게 노래를 주고받을 때, 한쪽 편 사람이 부르는 시의 형태이다. 일본의 시가문학의 스타일 중에서 최단의 형태이다.

⑨ 세도카(旋頭歌): 5,7,7,5,7,7

일본 상대 시대의 집단 가요의 형태로 남아 있다. 위의 가타우타를 두 번 거듭한 형태의 문학이다.

⑩ 붓소쿠세키카(佛足石歌): 5,7,5,7,7,7

나라에 있는 야쿠시지(藥師寺) 절의 돌비석에 새겨진 부처의 공적을 적은 노래에서 유래한 형태이다. 고대가요로는 21수가 전해진다.

⑪ 렌가(連歌): 5.7.5 ← 7.7 ← 5,7,5 ← 7,7 ← 5,7,5 ← 7,7 .....5,7,5 ← 7,7

중세 시대에 성행한 문학이다. 여러 명이 한 곳에 모여 읊는 경우가 많다. 처음 사람이 첫 구(發句)를 읊으면, 다음 사람이 7,7의 구를 붙이고, 그 다음 사람이 또 5,7,5구를 붙이는 방식으로 계속 이어가는 형태의 문학이다. 기본적으로는 100구까지를 이어가는 햐쿠인(百韻)이 일반적이다. 첫 번째 구를 홋쿠라고 부르듯이 두 번째 구는 와카쿠(脇句)라고 부르고, 마지막 100번째 구는 아게쿠(揚句)라는 특별한 호칭을 사용한다. 렌가를 학습하기 위해 여러 사람이 모이지 않아 혼자 연습 삼아 구를 붙여가는 경우를 도쿠긴(獨吟)이라고 한다.

⑫ 하이카이(俳諧): 5.7.5 ← 7.7 ← 5,7,5 ← 7,7 ← 5,7,5 ← 7,7 .....5,7,5 ← 7,7

근세 시대에 성행한 문학이다. 형태적으로는 위의 렌가와 똑 같다고 할 수 있다. 단지 하이카이에서는 100구를 이어가는 햐쿠인(百韻)외에도 50구를 이어가는 고주인(五十韻)과 44구로 이어가는 요요시(世吉)와 36구를 이어가는 가센(歌仙)의 형태로도 읊어졌다.

詩歌
文學

2부

일본 시가문학 해설 및 감상

〈스사노오노미코토(須佐之男命)〉

겹구름 피는
이즈모에 겹겹이
울타리 치네
내 처를 숨기려고
여덟 겹 울타리를

이 노래는 『고지키(古事記)』에 나오는 작품으로 일본 신화를 바탕으로 읊어진 것이다. 천지가 개벽되고 처음으로 고대 야마토 지역에 강림해서 천지창조의 역할을 맡은 '이자나기(伊那那岐)'는 불의 신을 낳다가 죽은 '이자나미(伊那那美)'를 데려오기 위해 찾아갔던 황천(黃泉)에서 돌아와서 부정해진 몸을 깨끗이 하기위해 목욕재계한다. 그 때에 태어난 신이 아마테라스 오미카미(天照大神), 쓰쿠요미노미코토(月讀命), 스사노오노 미코토(須佐之男命)이다. 스사노오노 미코토는 그의 난폭함으로 인해 천상의 세계에서 쫓겨나서 이즈모(出雲)로 내려가게 되는데, 그곳에서 몸통이 하나에 머리와 꼬리가 각각 8개 달린 '야마타노 오로치(大股大蛇)'를 퇴치함으로써 그 지방의 족장의 딸과 결혼하게 된다. 둘 만을 위한 궁전을 만들 곳을 물색하던 중 '스가(須賀)'라는 곳에 이르러 그곳에 터를 잡고 궁전을 건축하였을 때, 때마침 구름이 겹겹이 피어오르는 것을 보고 읊은 작품이다. 신화 속의 노래이기 때문에 실존하는 사람의 노래는 아니지만, 일본 시가 문학에서 5,7,5,7,7의 31자로 된 와카의 출발점을 신화의 세계로까지 끌어올리기 위해 만들어진 노래로 생각된다.

八雲立(やくもた)つ
出雲八重垣(いづもやへがき)
妻籠(つまご)みに
八重垣作(やへがきつく)る
その八重垣(やへがき)を

스사노오노미코토(須佐之男命)
신화 속에 나오는 가인. 일본 신화에 나오는 아자나기노미코토(伊那那岐尊)의 아들이다. 스사노오노미코토는 난폭한 행동 때문에 천상의 세계에서 쫓겨나 이즈모(出雲)로 내려가게 되는데 그곳에서 몸통 하나에 머리와 꼬리가 각각 여덟 개 달린 '야마타노오로치(大股大蛇)를 퇴치함으로써 그 지방의 족장의 딸과 결혼했다고 전해진다.

〈야마토 다카루노미코토(日本武尊)〉

니이바리의
쓰쿠반 산을 지나
몇날 밤을 잤는가?

날을 세 보니
밤으로는 아홉 밤
낮으론 열흘이오(야경꾼 노인)

야마토 다케루노미코토(日本武尊)가 지금의 관동지방을 평정하고 돌아오는 길에 지금의 사가미지방에서 읊은 노래에 밤에 화톳불을 관리하던 노인이 덧붙인 노래이다. 형태적인 면에서는 5,7,7 의 리듬인 가타우타(片歌)를 두 사람이 읊은 형태인데, 이것을 일본 중세 시대에 성행한 렌가(5,7,5의 구와, 7,7의 구를 반복해서 이어가는 형태의 문학) 문학의 시초로 보는 경우가 많았다. 리듬으로 보면 렌가와는 다르지만 의미적인 면에서 두 사람의 노래가 연결된다는 점에서 렌가의 시초로 보는 것이다. 야마토 다케루노미코토가 관동지방을 대표하는 산이며 신화의 세계에 자주 등장하는 쓰쿠바산을 지나 몇 날 몇 밤이 지났는지를 혼잣말처럼 넋두리를 하자 그 지방의 보잘것없는 신분의 노인이 밤으로는 9일, 낮으로는 10일이 되었다고 재치 있게 대답하고 있다.

新治(にひばり)
筑波(つくば)を過(す)ぎて
幾夜(いくよ)か寝(ね)つる

日々並(かかな)べて
夜(よ)には九夜(ここのよ)
日(ひ)には十日(とをか)を(御火燒きの翁)

야마토타케루노미코토(日本武尊)
야마토타케루노미코토(日本武尊)는 일본의 12대 천황인 게이코 천황(景行天皇)의 아들이라고 전해지는데 실존 인물은 아니다. 아버지의 명으로 일본의 동쪽 지방을 평정한 인물로 알려져 있다. 동쪽 지방을 평정하러 갈 때 숙모인 야마토히메(倭比売)로부터 칼을 한 자루 받아 가는데 그 칼이 바로 '구사나기(草薙)'라는 칼이다. 일본 신화에서는 반신반인의 형태로 묘사되어 있다.

〈쇼토쿠 태자(聖德太子)〉

집에서라면
님의 팔 베개 삼아
누웠을 텐데
여행길에서 죽은
이 나그네 가엽다

이 노래는 쇼토쿠(聖德)태자가 길을 가다가 객사한 나그네를 보고 슬퍼하면서 지었다는 설명이 붙어 있는 작품이다. 제3구의 '草枕(구사마쿠라)'는 마쿠라코토바(어떤 표현 앞에 붙어, 뒤에 오는 표현을 불러 올 때 사용하는 기법)로서 제4구의 '여행(旅: たび)'을 유도해 내는 역할을 한다. 그리고 마쿠라코토바는 굳이 번역을 하지 않는 경우가 많다. '구사마쿠라'라는 말은 여행 중 노숙을 할 때, 풀로 베개를 만들어 사용한 데에서 유래하였다. 이 시에서는 여행이란 표현의 마쿠라코토바로 쓰였다. 현대와 달리 옛날 사람들에게 있어 여행은 불안하고 힘들었기 때문에 여행길에서 목숨을 잃는 객사가 많았다고 하는데 이 노래는 그때의 장면을 사실적으로 잘 표현해 주고 있다.

家(いえ)ならば
妹(いも)が手(て)まかむ
草枕(くさまくら)
旅(たび)に臥(こ)やせる
この旅人(たびと)あはれ

쇼토쿠 태자(聖徳太子)
574-622년. 일본 상대 시대에 정치적인 세력을 잡고 있던 보수파인 모노노베(物部) 씨족과 경제권을 잡고 있던 진보파인 소가(蘇我) 씨족과의 대립이 있었다. 쇼토쿠 태자는 소가 씨족의 수장인 소가 우마코(蘇我馬子)와 힘을 합해 반대파인 모노노베 씨족을 멸하고, 공주를 형식적으로 왕좌에 앉힌 뒤 막후에서 섭정을 시작했다. 쇼토쿠 태자는 섭정을 통하여 천황을 정점으로 하는 강력한 중앙집권국가로서 명실상부한 새로운 고대국가를 건설하게 된다. 그러나 불교 수용으로 인하여 대규모의 사찰을 건설하는 데에 많은 국고를 낭비하게 되었고, 신라를 침공하는 등의 무모한 전쟁으로 말미암아 경제는 파탄에 이르게 되었다.

〈덴치 천황(天智天皇)〉

가을 들녘에
움막집 이은 풀이
너무 거칠어
나의 소매 자락은
이슬로 계속 젖네

가을의 황금 들녘 사이로 금방이라도 쓰러질 것 같은 초라한 움막집이 보인다. 이 움막집은 농부들이 추수기에 임시로 머물기 위해 만든 것이다. 지붕은 있지만 햇살을 겨우 막아줄 뿐, 밤에 이슬이 내리면 옷이 젖을 정도로 엉성한 움막이다. 왜 논 한 가운데 이런 움막을 지었을까? 그건 추수할 곡식을 들짐승이나 새들이 와서 먹으면 일 년 농사를 망치게 되기 때문에 추수기가 되면 사람들이 움막에 기거하면서 곡식을 지키기 때문이다. 고대인들에게 있어서 추수는 성스러운 행사였기 때문에 움막을 지키는 사람들은 부정한 행위를 삼가야 했다. 이 시기에는 부부일지라도 가족과 떨어져 움막에 기거했던 것이다. 이로 인해 춥고 무섭고 외로운 밤을 혼자 지새워야 했다. 두고 온 가족이 보고 싶고 특히 사랑하는 사람이 보고 싶어진다. 그러다보면 자연히 눈물이 흘러 소맷자락을 적시게 된다. 이 노래 속에는 이슬 때문에 소맷자락이 젖는 것으로 되어 있지만, 여기서 밤새 내리는 이슬은 밤새 흘리는 눈물을 상징하고 있다.

秋(あき)の田(た)の
刈(か)り穂(ほ)の庵(いほ)の
苫(とま)をあらみ
我(わ)が衣手(ころもて)は
露(つゆ)に濡(ぬ)れつつ

덴치 천황(天智天皇)

626년-672년. 일본의 38대 천황이다. 일본 문학에서는 나카노오에노미코(中大兄皇子)라는 이름으로 널리 알려져 있다. 을사의 변을 일으켜 소가씨족을 제압하고, 다이카 개신의 중심인물로서 일본 율령제의 기반을 구축했으며, 관료제와 행정기구를 충실히 정비했다. 또한 한반도의 패망한 백제부흥 운동을 지원하였으며 즉위 후 신라 및 중국의 당나라와의 국교 재개를 위해 견신라사와 견당사를 파견했다.

〈누카타노 오키미(額田王)〉

꼭두서니 빛
지치꽃 핀 들녘의
금원(禁苑)에 서서
파수꾼이 보는데
그댄 손을 흔드네

이 노래의 금원(標野: しめの)이라는 표현은 천황의 영지로서 왕이나 왕족의 사냥을 위해 마련된 곳을 나타낸다. 지치꽃의 붉은 빛이 어우러져 있는 들녘에서 전 남편이 자기를 보고 손을 흔들고 있다. 주변의 파수꾼의 눈을 의식하지 않고 열심히 손을 흔드는 전 남편의 모습이 싫지는 않았을 것이다. 이때 누카타노 오키미(額田王)는 40세 정도의 나이였다. 일본 고대 시대에는 자유연애 시대였기 때문에 현재의 결혼과 달리 기혼 여성들도 비교적 자유로이 연애를 할 수 있었다는 점을 이해할 필요가 있다.

あかねさす
紫野行(むらさきのゆ)き
標野行(しめのゆ)き
野守(のもり)は見(み)ずや
君(きみ)が袖振(そでふ)る

임 기다리다
임 생각에 젖으니
나의 침실의
발을 움직이면서
가을바람이 부네

그리운 임이 오기를 밤새 기다리며 임과의 아름다운 추억에 젖어 있는데 침실에 쳐둔 발이 움직이는 소리가 들렸다. 혹시 기다리던 임이 왔나보다 하고 밖에 나가 보니 아무도 없었다. 심술궂은 가을바람이 불고 있었던 것이다. 길고 긴 가을밤에 사색에 젖어 임이 오기를 간절히 기다리고 있는 작자의 심경이 잘 나타나 있다. 이 당시에는 남성이 여성의 침소에 찾아가는 형식의 결혼제도가 일반적이었는데 이 것을 오토즈레콘(訪れ婚)이라고 부른다. 그러다 보니 여성은 남성 배우자가 찾아 오기를 기다리는 입장에 있었던 점을 감안하여 감상하면 도움이 될 것이다.

君待(きみま)つと
我(わ)が恋(こ)ひ居(を)れば
我(わ)が宿(やど)の
簾動(すだれうご)かし
秋(あき)の風吹(かぜふ)く

누카타노 오키미(額田王)
생몰년 미상. 조메이 천황(舒明天皇)때부터 지토 천황(持統天皇)때까지 활약한 만요 초기의 가인이다. 『만요슈(万葉集)』의 주요 작가로 서정성이 넘치는 노래를 많이 읊었다. 누카타노 오키미는 덴치 천황(天智天皇)과 덴무 천황(天武天皇) 두 임금과 사랑한 이력 때문에 사랑의 번뇌와 갈등의 심리를 노래를 통해 잘 표현하고 있다. 두 임금이 형제지간이기 때문에 더더욱 그 사랑은 세간 사람들의 관심을 끌기에 충분했을 것이다. 일부 학자들 사이에서는 우리나라 백제 계통의 도래인일 가능성이 높다는 학설도 있다.

〈덴무 천황(天武天皇)〉

지치꽃처럼
향기로운 그대가
만약 밉다면
남의 처 되었는데
제가 좋아 하겠소

앞 노래에 바로 붙어 있는 노래로 두 노래는 증답가(贈答歌)의 형태로 『만요슈(万葉集)』이 실려 있다. 이미 다른 사람(덴치천황이며 본인의 형)의 처가 된 그대이지만 지금도 나는 여전히 그대를 잊지 않고 사랑하고 있음을 강조하는 내용의 노래이다. 그러나 현재 남편이 보는 가운데 옛날 사랑하던 남녀가 공개적으로 사랑을 표현할 수 있다는 것이 현대인인 우리로서는 이해하기 어렵다. 하지만 이 시대, 즉 자유연애 시대에는 그렇게 큰 허물은 아니었던 것 같다. 현 남편이 보는 가운데 긴장감을 느끼며 이상한 눈으로 바라보는 시선을 즐기고 있는 것 같기도 하다.

紫(むらさき)の
にほへる妹(いも)を
憎(にく)くあらば
人妻(ひとづま)ゆゑに
我恋(われこ)ひめやも

덴무 천황(天武天皇)
형인 덴지 천황이 죽은 뒤, 672년에 임신의 난을 일으켜 조카 오토모 황자(大友皇子)를 몰아내고 그 이듬해에 천황으로 즉위했다. 덴무 천황은 천황이나 황족을 중심으로 하는 중앙집권 체제를 강화하였다. 이로써 덴무 천황 시대에는 천황의 지위가 절대화, 신격화되었다. 한편, 대외 관계에서는 신라와 국교를 유지했지만 당나라와는 국교를 단절했다. 일본학자들 사이에서는 천황이라는 명칭을 처음 사용한 인물로 덴무를 꼽고 있다.

〈지토 천황(持統天皇)〉

봄이 지나고
여름이 왔나보다
새하얀 빛의
빨래가 널려 있는
아메노 가구야마

이 노래는 여러 가집에 실려있어 비교적 잘 알려진 작품이다. 『만요슈(万葉集)』외에도 『신코킨와카슈(新古今和歌集)』, 『오구라햐쿠닌잇슈(小倉百人一首)』에도 수록되어 있다. 이 노래의 작자는 지토(持統)천황으로 텐무(天武)천황의 부인이다. 이 노래에 등장하는 무대는 '아메노 가구야마(天の香具山)'이다. 가구야마(香具山)는 나라(奈良)근처에 있는 산으로 고대 시대로부터 하늘 즉 천상(天上)의 세계와 연결된 신성한 산으로 인식되어 왔다. 작자인 지토(持統)천황은 지금 궁중에서 멀리 보이는 가구야마를 보고 있다. 때마침 가구야마 산기슭에 널려 있는 하얀 빨래를 보고 여름이 왔다는 것을 알아차린 것이다. 가구야마에 널려 있는 흰 빨래는 아마도 신성한 제사에 종사하는 처녀들의 것이었을 것이다. 닥나무 섬유로 만든 제례용 흰 옷은 빨면 빨수록 새하얗게 되는 것으로 평상복이라기보다는 제례만을 위한 의상에 가까운 옷이다.

이 노래를 보면 한 폭의 풍경화를 보는 듯하다. 녹음이 우거진 녹색의 가구야마와 새하얀 빛깔의 대조는 눈이 부실 정도로 선명하게 보인다. 보통 때라면 사람들이 살지 않을 산기슭에 제사를 위해 산 속에 들어가 있는 아가씨들의 하얀 의복이 바람에 휘날리는 풍경이 인상적이다. 저 멀리 가구야마를 배경으로 펼쳐지는 장대한 스케일의 풍경화 같은 느낌을 주는 이 노래는 『만요슈(万葉集)』중에서도 수작으로 손꼽히는 작품이다.

春過(はるす)ぎて

夏来(なつきた)るらし

白(しろ)たへの

衣干(ころもほ)したり

天(あめ)の香具山(かぐやま)

지토 천황(持統天皇)

645-702년. 덴치 천황의 제2 황녀이며, 덴무 천황의 황후이다. 덴무 천황이 죽은 후, 구사카베(草壁)왕자가 왕위에 올랐으나 금방 죽고 그 이후 690년에 41대 천황으로 즉위했다. 697년에 어린 몬무(文武)천황에게 왕위를 물려주고 뒤에서 후견인으로 정치에 관여했다. 당시 만요의 대표가인이었던 가키노모토노 히토마로와의 교류를 통해 많은 좋은 작품을 남기고 있다.

〈가키노모토노 히로마로(柿本人麻呂)〉

가을 산길에
단풍잎이 우거져
길을 헤매는
그댈 찾아 헤매다
산길 잃어버렸네

이 시에는 부인이 죽었을 때 부른 노래라는 주가 붙어 있다. 단풍으로 우거진 산에 들어간다는 것은 죽음을 상징하는 표현이다. 원시적 사생관에 따르면 사람이 죽으면 땅에 묻혀서 저승으로 간가는 인식을 가지고 있었는데, 여기서는 죽은 부인이 단풍이 우거진 가을 산, 즉 저승으로 갔음을 암시하고 있다. 이승과 저승이 다르기에 죽은 부인을 찾아 아무리 헤매어도 부인이 돌아올 수 없는 저승길을 갔기 때문에 찾을 수가 없다고 한탄하는 내용이다.

秋山(あきやま)の
黄葉(もみぢ)をしげみ
迷(まど)ひぬる
妹(いも)を求(もと)めむ
山道知(やまぢし)らずも

이와미 지방
다카쓰노 산 속의
나무 사이로
내가 흔드는 소맬
그대는 보았을까

이 노래는 작자 히토마로가 고향인 이와미를 떠나 상경할 때, 부인과의 이별의 아쉬움을 읊은 것이다. 이와미 지방은 현재의 시마네(島根) 지방을 나타낸다. 특히 산을 넘어 가면서도 그리운 그대를 위해 보이지 않을 때까지 격정적으로 소매를 흔드는 작자의 모습에서 부인에 대한 사랑을 느낄 수 있다. 고대인들의 솔직담백한 심경을 읽을 수 있는 소박한 노래이다. 먼 길을 떠날 때에는 떠나가는 사람보다는 떠나보내는 사람이 걱정하는 경우가 많은데 이 노래는 그 반대로 떠나가는 사람이 더 염려하며 아쉬움의 소매자락을 흔들고 있는 경우이다.

石見(いはみ)のや
高角山(たかつのやま)の
木(こ)の間(ま)より
我(わ)が振(ふ)る袖(そで)を
妹見(いもみ)つらむか

가키노모토노 히토마로(柿本人麻呂)
생몰년 미상. 『만요슈』의 대표적인 가인이며 산주롯카센(三十六歌仙)의 한사람이기도 하다. 덴무(天武), 지토(持統), 몬무(文武) 천황 3대에 걸쳐 궁정 가인으로 봉사했다. 조코토바(序詞), 마쿠라코토바(枕詞) 등을 구사하며 공적으로 궁정 찬가(贊歌)나 반카(挽歌: 죽음을 애도하는 노래)를 다수 지었으며 사적으로는 아내와의 이별과 사별 등을 읊은 노래가 있다. 특히 장가(長歌)의 달인으로 침통하면서도 장중하고 격조 높은 작품을 잘 읊은 서정 가인이다. 흔히 와카의 성인이라는 뜻으로 가성(歌聖)이라고 불리워졌다.

〈야마노우에노 오쿠라(山上憶良)〉

오쿠라 일행
떠나려고 합니다
아이 울겠죠
그 아이의 어미도
나를 기다리겠죠

이 작품의 작자인 야마노우에노 오쿠라(山上憶良)는 가족을 끔찍이도 사랑했던 사람으로 유명하다. 이 노래에서도 그의 자녀사랑을 엿볼 수 있다. 어느날 연회가 있었다. 연회가 끝날 무렵 오쿠라는 오로지 집으로 돌아갈 생각으로 가득 차 있었다. 집에서 아비의 귀가를 기다리는 아이와 부인을 생각하는 마음이 노래에 잘 나타나 있다.

憶良(おくら)らは
今(いま)は罷(まか)らむ
子泣(こな)くらむ
それその母(はは)も
我(わ)を待(ま)つらむそ

금이나 은도
옥구슬이 있은들
무얼 할꺼나
가장 좋은 보물은
자식이 아니겠나

이 세상을 살다 보면 금이나 은이나 구슬 같은 물질이 소중한 것은 사실이다. 그러나 인간이 살아가는 데에 물질 이상으로 필요한 것이 가족 사랑이라는 것을 읊은 노래이다. 더 이상 설명할 필요가 없는 아주 단조로운 작품이지만, 우리가 인생을 살아가는 데 있어서 제일 소중한 것이 무엇인가를 깨닫게 해주는 좋은 노래이다. 오쿠라라는 시인을 가족 사랑의 명수로 꼽는 이유를 충분히 이해할 수 있는 작품이다.

銀(しろがね)も
金(くがね)も玉(たま)も
何(なに)せむに
優(まさ)れる宝(たから)
子(こ)にしかめやも

야마노우에노 오쿠라(山上憶良)
660-733년 경. 『만요슈』의 대표적인 가인으로 701년에 견당사로 파견된 적이 있다. 오토모노 타비토(大伴旅人)가 다자이후(大宰府: 현재 규슈 후쿠오카 부근에 있던 관청 이름으로 주로 규슈와 대마도 등을 관장하였음)에 장관으로 와 있을 때, 다자이후 부근의 치쿠젠(筑前)의 지방관으로 근무하면서 다비토와 활발한 문학 교류를 가졌다. 『만요슈』가 편찬되기 전에 『루이주카린(類聚歌林)』이라는 가집을 편찬하였다. 오쿠라의 작품 중 대표적인 것을 꼽는다면 다비토의 아내를 추모하기 위해 지은 '일본반카(日本挽歌)', 늙음과 병고를 한탄하는 '빈궁문답가(貧窮問答歌)' 등, 주로 인간사의 저변에 깔려있는 희로애락의 감정이 노래에 묻어 나 있다.

〈오토모노 다비토(大伴旅人)〉

값 알 수 없는
보물이라 하여도
한 잔 그득히
따른 탁주보다도
나을 것이 있으랴

오토모노 다비토(大伴旅人)는 술을 예찬한 시인으로 유명하다. 『만요슈(万葉集)』에는 다비토의 유명한 찬주가(酒を讃へる歌) 13수가 연작으로 실려 있는데(338번에서 351번 노래까지) 이 작품은 그 중의 한 수이다. 다비토는 술의 가치를 그 어떤 값비싼 보석보다도 높다고 예찬하고 있다. 1200년 전의 노래이지만 현대인의 애주가들이 읊어도 손색이 없는 노래이다.

あたひなき
宝(たから)といふとも
一杯(ひとつき)の
濁(にご)れる酒(さけ)に
あにまさめやも

효과도 없는
임 생각 할 것 없이
한 잔 가득히
탁주라도 마시며
시름 달래 보시게

이 노래도 앞 노래와 마찬가지로 『만요슈(万葉集)』의 다비토의 유명한 찬주가(酒を讃へる歌) 13수가 연작으로 실려 있는데(338번에서 351번 노래까지) 그 중의 한 수이다. 누군가를 흠모하게 되면 그 사람을 시도 때도 없이 그리워하게 된다. 그리움이 더해지면 깊은 수심에 빠지게 된다. 그러나 대부분의 사랑이란 그 사람을 그리워한다고 해서 금방 상대방에 전해지지 않는다. 결과적으로는 아무리 자기가 일방적으로 상대방을 생각을 해보아도 아무런 효험도 없이 끝나버린다. 어차피 효과가 없는 생각이라면 차라리 탁주라도 한잔 마시면서 그 시름을 달래 보는 게 좋지 않을까하고 자기 스스로 위로의 방법을 찾아가겠다는 내용이다.

験(しるし)なき
ものを思(おも)はず
一杯(ひとつき)の
濁(にご)れる酒(さけ)を
飲(の)むべくあるらし

오토모노 다비토(大伴旅人)
665-731년. 다비토는 『만요슈』의 최종 편찬자인 오토모노 야카모치(大伴家持)의 아버지이며 대대로 군인 집안인 오토모 가문의 수장으로 몰락해 가는 집안을 지키고자 했던 인물이다. 그의 작품 세계는 주로 만년의 다자이후(大宰府)에서의 생활을 중심으로 전개된다. 다자이후는 당시 최전방의 주요 거점으로 이곳은 지리적으로 중국이나 한반도와 가장 가까운 곳인데, 이러한 지리적 영향으로 다비토는 누구보다도 중국 사상의 영향을 많이 받은 가인이다.

〈야마베노 아카히토(山部赤人)〉

다고 해변서
트인 곳에 나오니
하얀 빛으로
후지산 높은 봉에
눈 내려 쌓여있네

이 노래의 작가는 자연 풍광이나 경치를 사실적으로 잘 표현하는 서경가(叙景歌)의 명수로 알려져 있다. 천황의 행치에 동행하여 여행을 하던 중에 지은 노래로 후지산의 풍경을 읊고 있다. 후지산의 전경을 잘 바라보기 위해 다코 해변으로부터 깊은 바다 쪽으로 나와 탁 트인 곳에서 후지산을 바라보게 되었다. 다고해변(田子の浦)은 『만요슈(万葉集)』시대로부터 현재까지 후지산을 가장 잘 볼 수 있는 해변으로 유명하다. 다고해변(田子の浦)은 현재의 시즈오카 근처의 바다를 지칭하는 말로서 신칸선을 타고 도쿄 쪽으로 가다보면 시즈오카역을 지나자마자 후지산이 잘 보이는 철로연변의 바다가 나오는데 그곳이 바로 다고해변(田子の浦)이다. 긴 설명이 필요 없는, 한 편의 풍경화를 보는 듯한 작품이다.

田子(たご)の浦(うら)ゆ
うち出(い)でて見(み)れば
ま白(しろ)にそ
富士(ふじ)の高嶺(たかね)に
雪(ゆき)は降(ふ)りける

우리 임에게
보여주고 싶었던
하얀 매화 꽃
찾을 수가 없다네
하얀 눈이 내려서

매화꽃이 피면 이미 어딘가에서 봄의 징조가 보일 것이라고 생각하게 된다. 그러나 실제로는 봄다운 따뜻한 기운보다 겨울 같은 추위가 남아 있다. 그리고 겨울의 잔재인 눈이 내리는 경우도 많다. 특히 하얀 매화꽃은 색깔이 눈과 같이 희기 때문에 눈이 매화꽃에 덮히면 어느 것이 눈이고 어느 것이 매화꽃인지 구별할 수가 없다. 너무나도 당연한 내용을 읊고 있어 아주 평범해 보이지만 이 당시 사람들은 매화꽃이 피면 길고 추운 겨울이 끝났다는 인식이 있었기 때문에 매화꽃이 피는 시기가 되었다는 것만으로 충분히 경사스럽다고 여겼던 것이다. 또한 눈은 풍년을 암시해 주는 현상이기도 하여 좋은 징조가 두 개 겹쳤다고 생각했기 때문에 이 노래를 많은 사람들이 좋아했었다.

我(わ)が背子(せこ)に
見(み)せむと思(おも)ひし
梅(むめ)の花(はな)
それとも見(み)えず
雪(ゆき)の降(ふ)れれば

야마베노 아카히토(山部赤人)
724년-736년경. 산주롯카센의 한사람으로 경치를 읊은 서경가에 특히 뛰어난 가인이다. 풍경화를 보는 듯한 노래로 후대 사람들이 가키노모토노 히로마로와 함께 와카의 성인이라는 뜻으로 가성(歌聖)이라고 불렀다. 궁정 가인으로 천황을 보필하면서 천황의 노래를 대신 읊는 역할을 했다. 『만요슈』에만 단가 37수, 장가 13수가 실릴 만큼 가인으로서의 위상이 높았다. 시카슈(私家集)인 『아카히토슈(赤人集)』에는 그의 작품이 354수 남아있다.

〈오토모노 야카모치(大伴家持)〉

새해 벽두에

첫 눈이 내리도다

이 하얀 눈이

내리는 모습 보니

올해도 풍년일세

이 노래는 『만요슈(万葉集)』의 편집자로 알려진 오토모노 야카모치(大伴家持)의 작품으로, 『만요슈(万葉集)』의 제일 마지막에 실려져 있다. 내용은 새해 첫날에 눈이 내리는 걸 보니 올 한해에도 좋은 일이 많을 것이다 라며 축복하는 노래이다. 일본에서는 고대로부터 새해에 눈이 오면 길한 징조로 생각하는 관습이 있었다. 그리고 눈이 많이 내리면 올 해 농사가 풍년이 된다고 믿고 있었다. 이 노래는 새해 첫날을 축복하는 노래인데, 『만요슈(万葉集)』의 처음이 아니고 제일 마지막에 실렸다는 점이 흥미롭다. 작자는 『만요슈(万葉集)』라는 일본 최초의 노래 모음집이 앞으로도 오랫동안 이어져 가기를 기원하는 의미를 담아 이 노래를 제일 마지막 노래로 가져온 것이 아닐까하는 학자들의 의견이 지배적이다.

新(あたら)しき
年(とし)の始(はじ)めの
初雪(はつゆき)の
今日降(けふふ)る雪(ゆき)の
いやしけ吉事(よごと)

오작교 위에
내려 쌓인 서리가
하얀 걸보니
차거운 겨울 밤이
많이 깊어졌구려

오작교는 원래 칠석설화에서 유래된 말이다. 견우와 직녀가 일 년에 한 번 칠석날 밤에 만나는데 이때 두 사람 사이를 만날 수 있도록 까치들이 다리를 만들어 건너가게 했다는 설화에서 온 것이다. 이 노래 속의 다리는 정원의 연못 같은 곳에 다리를 놓아 풍경을 감상하는 집안의 오작교를 읊은 것이다. 여기서 오작교는 남녀의 만남을 상징하는 다리로 사용된 것이 아니고, 이 오작교에 서리가 내려 하얗게 된 걸 보니 밤이 깊었다는 사실을 깨달았다는 것을 표현하기 위해 빌려 온 것이다. 현대인들은 밤이 깊었다는 사실을 시계 등을 보고 느끼는 경우가 많은데 이 작자는 오작교에 하얗게 서리가 내린 걸 보고 밤이 깊었음을 알았던 것이다. 외부의 어떤 현상을 보고 자연의 이치를 깨닫는 당시 사람들의 인식이 소박하면서도 납득이 가는 내용이다. 밤의 깊이를 서리를 통해 느낀다는 작자의 심미안이 덧보이는 작품이다. 노래는 겨울 노래이지만 칠석이라는 신비로운 이야기를 간접적으로 가져옴으로써 깊은 겨울밤의 풍경을 더욱 신비롭게 만드는 효과를 내고 있다는 점에서 많은 사람들에게 애송되는 노래이다.

かささぎの
わたせる橋(はし)に
置(を)く霜(しも)の
白(しろ)きを見(み)れば
夜(よ)ぞふけにける

오토모노 야카모치(大伴家持)
718년-785년. 오토모노 야카모치는 718년 오토모노 타비토의 아들로 태어났다. 『만요슈(万葉集)』에 수록된 노래는 16살이던 733년에서 42세이던 759년까지의 작품들이다. 작품 수로는 479수의 노래를 남기고 있다. 섬세하면서도 감상적인 가풍은 만요 후기를 대표하는 가풍이기도 하다. 『만요슈(万葉集)』의 최종 편찬자라는 이름에 어울리는 인물이다.

〈아베노 나카마로(安倍仲麻呂)〉

높다란 하늘
아득히 바라보면
가스가 땅의
미카사 산마루에
떠있던 달이도다

이 노래의 작자 아베노 나카마로(阿倍仲麻呂)는 어린 나이에 중국 당나라에 파견된 견당사(遣唐使)로 중국에 유학을 갔다가 중국의 과거시험에 급제하여 당나라에서 관직을 얻어 활동했고 당나라의 유명한 시인인 왕유(王維)와도 교류하며 시인으로도 활동했던 사람이다. 이 노래는 나카마로가 오랜 중국 생활을 접고 일본으로 귀국길에 오르던 도중에 맑은 밤하늘에 떠있는 휘영청 밝은 달을 보며 읊은 작품이다. 타국 중국에서 고국이 그리울 때마다 늘 친구가 되어 주었던 달이 오늘도 변함없이 밝게 떠 있다. 아마도 작자의 고향인 가스가 지방(현재의 나라 부근)에 있는 미카사(三笠)산에도 이 달이 떠 있으리라 짐작하고 읊고 있다. 그런데 불행하게도 이 노래를 읊고 난 다음 일본으로 귀국하는 귀국선에 몸을 실었다가 그 배가 태풍을 만나 표류를 당하는 바람에 안남지방(현재의 베트남 부근)에 흘러갔다가 결국 고국 땅을 밟지 못하고 중국 땅에서 숨을 거두었다. 이 일화를 알고 이 노래를 다시 음미해 보면 앞으로 닥칠 불행을 짐작하지 못하고 고국으로 돌아 갈 희망에 부풀어 있던 작자의 모습이 떠오르며 슬프기까지 한 노래이다. 그 당시 견당사의 길이 꿈과 희망과 출세의 길이기도 하지만 그만큼 위험하면서도 머나 먼 행로이기도 했음을 미루어 짐작할 수 있다.

天(あま)の原(はら)
ふりさけ見(み)れば
春日(かすが)なる
三笠(みかさ)の山(やま)に
いでし月(つき)かも

아베노 나카마로(安倍仲麻呂)
701년-770년. 716년에 견당유학생으로 중국 당나라로 건너가 학문을 쌓던 중, 중국 과거시험에 붙어 중국조정에서 관직을 받아 일했다. 중국에서는 조형(朝衡)이라는 이름으로 활약했다. 당나라 현종(玄宗) 임금의 총애를 받아 당시 당나라의 유명한 시인이었던 이백(李白), 왕유(王維) 등과도 잦은 교류를 가졌다. 당나라에서 관리로 있다가 733년에 일본으로 귀국하려 하였으나 귀국선이 폭풍을 맞아 조난을 당해 결국 중국에서 사망했다.

〈사키모리의 노래(防人歌)〉

내 아내가 날
너무 사랑하나 봐
마시는 물에
임의 모습 비쳐서
잊을 수가 없다네

이 노래는 와카야마토베노 미마로(若倭部身麻呂)라는 사키모리(防人)의 작품이다. 사키모리란 일본 고대 시대에 변방인 규슈 지방을 지키던 병시를 일컫는 말이다. 규슈 지방을 지키는 사키모리들 중에는 지금의 관동지방 출신들이 많았었다. 지금도 동경 근처인 관동지방에서 규슈까지의 거리가 상당한데, 교통이 불편했던 고대 사람들에게 있어 이 지방으로 병사로 차출된다는 것은 정말 무섭고 위험한 여정이었을 것이다. 내용은 사키모리로 선발되어 임지로 가는 중에 우물에서 물을 마시려고 했더니 물속에 두고 온 아내의 모습이 보였다. 아내의 모습이 보이는 걸 보니 아내가 자신을 너무나도 나를 염려하고 걱정하고 있음을 새삼 느끼게 되었다. 그대가 나를 이리도 사랑하고 염려하는 걸 보니 내가 당신을 잊을 수가 있겠는가. 꼭 살아서 돌아 올 테니 그때까지 무사히 기다려 달라고 당부하고 있음을 암시하고 있다. 당시 사람들에게 있어서 사키모리로 가는 것은 위험천만한 일이라서 무사히 살아 돌아온다는 보장이 없었던 위험한 길이었던 것이다.

我(わ)が妻(つま)は
いたく恋(こ)ひらし
飲(の)む水(みづ)に
影(かご)さへ見(み)へて
よに忘(わす)られず

내 임의 모습
그림으로 그릴 짬
있음 좋겠네
먼 길 떠나는 내가
보며 시름 달래게

이 노래는 모노노베노 고마로(物部古麻呂)라는 사키모리(防人)의 작품이다. 아내를 혼자 남겨 두고 황급하게 떠나오다 보니 아내가 그리울 때 마음을 달래줄 물건이 아무 것도 없다. 아내의 초상화라도 그려 오면 좋았을 텐데 그럴 시간적 여유조차 없이 떠나 왔다. 사키모리 임무를 감당하기 위해 먼 여정 길에 올랐는데, 여기서도 이리저리 지내다보니 아내의 모습을 그림으로 그릴 여유가 있을 리 만무하다. 군인으로서의 훈련과 피로가 눈에 보이는 듯하다. 그러다 보니 먼 고향에 두고 온 아내와 가족이 더욱 그리워진다.

わが妻(つま)も
絵(え)に描(か)き取(と)らむ
暇(いつま)もが
旅行(たびゆ)く我(われ)は
見(み)つつ偲(しの)ばむ

부모님께서
머리 쓰다듬으며
살아오라고
하시던 그 말씀을
나는 잊을 수 없네

이 노래의 작자는 이름을 알 수 없는 사키모리(防人)의 작품이다. 사키모리란 일본 고대 시대에 변방인 규슈 지방을 지키던 병사를 일컫는 말이다. 규슈 지방을 지키는 사키모리들 중에는 지금의 관동지방 출신들이 많았었다. 지금도 동경 근처인 관동지방에서 규슈까지의 거리가 상당한데 교통이 불편했던 고대 사람들에게 있어 이 지방으로 병사로 차출된다는 것은 정말 무섭고 위험한 여정이었을 것이다. 이 노래는 변방에서 고향에 두고 온 부모를 그리며 읊은 내용이다. 먼 길을 병사라는 신분으로 떠나오기 전에 부모님이 머리를 쓰다듬으며 무사히 살아 와 달라고 당부하던 그 말씀을 지금도 잊을 수 없음을 노래하고 있다. 이 노래를 보면 관동지방의 사투리(けとば)등을 그대로 노래 속에 사용하고 있음을 알 수 있는데, 만요슈(万葉集)의 특징을 엿볼 수 있는 일면이기도 하다. 『만요슈(万葉集)』는 서기 760년경에 엮어진 작품집으로, 수록되어 있는 노래 수가 무려 4500여수이며, 왕은 물론이고 사키모리같은 서민층의 병사들에 이르기까지 신분을 초월한 다양한 계층의 작품을 싣고 있으며, 관동지방의 사투리 등을 그대로 싣고 있다는 점에서 고대 사회를 엿볼 수 있는 문학사적 가치가 높은 작품집임을 알 수 있다.

父母(たらちね)が
頭掻(かしらか)き撫(な)で
幸(さ)くあれて
言(い)ひし言葉(けとば)ぜ
忘(わす)れかねつる

전방 지키러
가는 이는 어느 집
남정네인가
묻는 이가 부럽네
아무 염려 없으니

이 노래는 사키모리의 노래에 들어 있지만, 실제로는 남편을 사키모리에 보낸 아내의 노래이다. 이 부인은 아마도 멀지 않아 남편을 사키모리로 보낼 예정이거나 아니면 이미 남편을 사키모리로 보낸 사람일 것이다. 주변 여인들 중에서 '누구네 집 남편이 사키모리로 가는가?'라는 질문을 던지는 여인을 보면 너무나도 부럽다고 솔직히 고백하는 모습을 보면 이 여인의 남편이 사키모리로 갔음을 짐작할 수 있다. 그리고 자신과는 아무 관련이 없다는 듯이 질문하는 여인의 남편은 아마도 사키모리로 차출이 되지 않았을 것이다. 적령기의 사람들이 사키모리로 불려 갈 때 차출 당하지 않은 사람은 건강이 좋지 않거나 몸이 불구이거나 한 경우일 텐데, 막상 남편이 사키모리로 가고 나니, 그런 입장의 사람조차도 부럽다는 심정을 솔직하게 표현하고 있다.

防人(さきもり)に
行(ゆ)くは誰(た)が背(せ)と
問(と)ふ人(ひと)を
見(み)るがともしさ
物思(ものおもひ)もせず

사키모리(防人)
사키모리란 고대에 변방을 지키는 군인을 뜻한다. 고대국가인 야마토(大和)가 일본 최초의 통일국가를 형성한 이후, 당시의 아즈마(현재의 일본 관동지방과 동북 지방을 통틀어 일컫는 표현)지방의 사람들을 징용하여 당시의 변방이었던 규슈를 지키게 했다. 사키모리의 노래(防人歌)란 징용으로 차출된 군인들과 자식이나 남편, 아버지를 군인으로 보낸 남아있는 가족들의 노래를 통틀어 부르는 표현으로 이별의 슬픔, 그리움, 사랑 등을 읊고 있으며 주로 『만요슈(万葉集)』권 20에 집중적으로 모아서 실려 있다. 표현상 아즈마 지방의 사투리를 그대로 싣고 있다는 점이 흥미롭다. 사키모리의 작품 중 이름이 알려져 있는 경우도 있지만 작자를 알 수 없는 노래도 많다.

〈사루마루 다유(猿丸大夫)〉

깊은 산속에
낙엽을 밟으면서
애달피 우는
수사슴 울음소리 듣는
가을 슬프다

가을에 단풍잎이 다 떨어져 길을 찾기가 어려운 깊은 산 속에서 길을 잃고 울부짖는 사슴 소리가 들려오는데, 가을은 원래 쓸쓸하지만 유독 이러한 정경을 볼 때의 가을은 더욱 슬프다는 뜻이다. 사슴의 울음소리를 생소하게 생각하는 사람들이 많다. 평소에 사슴의 울음소리를 들을 수는 없다. 하지만 가을에 발정기가 되면 짝짓기 상대를 찾기 위해 수사슴들이 애절하게 울어댄다. 습성 상 암사슴은 울지 않고 수사슴만 운다고 한다. 깊은 산 속에서 늦가을에 짝을 찾아 헤매며 애절하게 울부짖는 사슴의 울음소리는 듣는 이들의 가슴을 아프게 한다. 가을이라는 계절은 인간 누구에게나 쓸쓸함을 느끼게 하지만, 이 노래에서는 사슴의 울음소리를 듣는 그때에는 더욱더 가을다운 쓸쓸함을 느낀다고 표현하고 있다.
낙엽 진 단풍잎이 산속에 가득 떨어져 있어서 길을 찾기 어려울 정도인 가을 풍경의 시각적인 효과와 사슴 울음소리를 통한 청각적인 효과가 겹쳐 공감각적인 분위기를 자아내고 있으며 이로 인해 가을의 쓸쓸함의 극치를 잘 표현하고 있다.

奥山(おくやま)に
黄葉踏(もみぢふ)み分(わ)け
鳴(な)く鹿(しか)の
声聞(こえき)く時(とき)ぞ
秋(あき)は悲(かな)しき

사루마루 다유(猿丸大夫)
생몰년 미상. 산주롯카센(三十六歌仙)의 한사람으로 알려져 있으나 구체적인 전기나 기록 등이 부족하여 어떠한 삶을 산 가인인지 확실히 알기는 어렵다. 사루마유 다유의 이름이 일본 문학에 처음 거명되는 것은 『고킨와카슈(古今和歌集)』의 한문서문(眞名序)에 '오토모노 구로누시의 노래는 옛날 사루마루다유의 다음이라 하겠다(大伴黑主之歌,古猿丸大夫之次也)'라고 나오는 것이 최초이다. 그 이후에도 많은 학자들의 학설이 분분하지만 지금까지 어떤 인물인지 확실치 않다.

〈기센법사(喜撰法師)〉

나의 암자는
도성의 동남쪽에
좋은 곳일세
사람들은 여기를
은둔자 소굴이래

이 노래는 도성인 교토의 동남쪽에 있는 우지산(宇治山)에서 속세를 등지고 유유자적하며 은둔 생활을 즐기고 있는데 세상 사람들은 우리를 세속적인 눈으로 어둡고 침침한 느낌으로 바라보며 가련하게 생각한다는 뜻이다. 당시 우지산은 은둔자들이 많이 모여 수행을 했다. 우지산의 'u'음이 '근심이 많다'라는 뜻의 '憂(일본식 발음으로 u)'와 발음이 같다는 점에서 해석할 때에는 '세상일이 하도 근심이 많아 속세를 떠나 우지산으로 들어 간'이라는 식으로 해석하는데, 이것을 가케코토바(掛詞)라고 한다. 가케코토바는 동음이의어를 노래에 적용하는 기법으로 일본 와카에서는 자주 사용하는 기법 중의 하나이다.
현대를 살아가는 우리도 가끔씩 수녀나 신부, 승려, 성직자 등을 바라볼 때, '뭐가 그리 사연이 많아 저렇게 되었을까'하고 측은하게 생각하는 경우가 있는데, 그렇다면 반대로 그들의 입장에서 볼 때 세속에 찌들어 있는 우리의 모습은 그들에게 어떻게 비쳐지고 있을까? 이 노래는 은둔자들이 은둔자 나름대로 유유자적하며 살고 있음을 잘 표현해 주고 있는 것이다. 그러니 남의 걱정일랑 하지 말고 각자 자기 일이나 잘 하라는 교훈을 우리에게 던져 주는 작품이다.

我(わ)が庵(いほ)は
都(みやこ)のたつみ
しかぞすむ
世(よ)を宇治山(うじやま)と
人(ひと)はいふなり

기센법사(喜撰法師)
생몰년 미상. 롯카센(六歌仙)의 한사람이다. 가계나 전기에 대해서는 알려진 것이 없다. 단지 스님으로 '우지산(宇治山)'에 거주한 것으로 알려져 있다. 와카는 여기에 소개한 노래가 『고킨와카슈(古今和歌集)』에 1수 실려 있고 다른 와카집에 실려 있는 2수 정도가 전해질 뿐이다.

〈오노노 다카무라(小野篁)〉

널푸른 바다
다도해를 헤치며
배저어 갔다고
부디 사람들에게
전해주게 쪽 배여

이 노래의 작자인 오노노 다카무라(小野篁)는 견당사로 선발되었는데 그 명령을 거부하여 오키시마(隱岐)섬으로 귀양을 간 적이 있다. 견당사로 가는 것은 출세의 길이기도 하지만 살아 돌아 올 수 있다는 보장이 없는 험난한 길임을 작자는 알고 있었기에 출세의 길보다는 귀양의 길을 선택한 것이다. 이 노래는 귀양길로 떠나는 작자가 아무런 불평도 없이 망망대해를 가로질러 가는 모습을 고향에 있는 사람들에게 전해 달라고 부탁하는 내용이다. 그렇다고 누군가 사람에게 부탁할 수는 없는 처지이다 보니 때마침 지나가는 어부가 젓는 나룻배에게 안부를 부탁하고 있다. 표면적으로는 자신의 안부를 전해 달라고 되어 있지만 자신의 처지가 얼마나 참담하고 고독하며 위험에 처해 있는가를 간접적으로 잘 표현하고 있다.

わたの原(はら)
八十島(やそじま)かけて
こぎいでぬと
人(ひと)にはつげよ
あまの釣船(つりぶね)

오노노 다카무라(小野篁)
802년-852년. 오노노 다카무라는 중국 당나라에 파견될 예정이었던 사람이었는데 그 견당사의 한사람이던 후지와라노 쓰네쓰구(藤原常嗣)와의 다툼으로 당나라로 가는 배를 타지 않았다. 이 사건을 계기로 정치를 풍자하는 노래를 부르다가 유배를 당하기도 했다 이러한 연유로 이후 모노가타리에도 전설처럼 등장하지만 실상은 파악하기 어렵다. 『고킨와카슈』에 6수의 와카가 실려 있다.

〈오노노 고마치(小野小町)〉

꽃도 미모도
이젠 시들었구나
허망하게도
세파에 찌들었네
인고의 세월 속에

이 노래는 『오구라햐쿠닌잇슈(小倉百人一首)』에도 실려 있는 유명한 노래이다. 그리고 작자인 오노노 고마치(小野小町)는 헤이안 시대를 대표하는 여류가인으로 미모가 뛰어나 뭇 남성들의 사랑을 받아온 인물로도 유명하다. 이 노래는 오노노 고마치(小野小町)가 나이가 들어 여성으로서의 일생을 지는 벚꽃에 표현하고 있다. '후루(ふる)'는 '長雨が降る-장맛비가 내리다'라는 '후루(ふる)'와 '世に経る-세상을 살아가다'라는 두 개의 의미를 겹치게 하는 기법인데 이러한 기법을 가케코토바기법(掛詞: 동음이의어 즉 발음이 같으면서 의미가 다른 표현을 와카에 사용하는 기법)이라고 한다. 이 노래에는 또 하나의 가케코토바기법을 사용하고 있는데, '나가메'가 '長雨(ながめ)-장맛비'와 '眺め(ながめ)-바라 봄'이라는 두 개의 의미를 겹쳐 표현하고 있다. 이렇게 한 단어에 두 개의 의미를 겹치게 함으로써 단조로운 와카의 작품 세계를 더욱더 다층 구조로 만들어 가는 매력을 나타내게 된다.

花(はな)の色(いろ)は
うつりにけりな
いたづらに
わが身世(みよ)にふる
ながめせしまに

깜박 졸다가
그리운 우리 임을
꿈속에 보고
꿈이라고 하는 걸
믿기 시작했다네

일본 고전 문학에서는 꿈은 상대방이 자신을 생각해 주면 자신의 꿈에 나타난다는 식의 이해를 하는 경우가 많았다. 현대인들은 꿈을 꿈꾸는 사람의 잠재의식 속의 생각이 나타나는 것이라는 식으로 꿈의 원인을 주관적인 책임으로 돌리는 게 일반적인데 일본 고전 문학에서는 꿈을 꾸는 것은 본인의 잠재의식이 원인이 아니고 상대방이 자신을 생각하면 자신의 꿈에 나타난다는 식으로 꿈의 원인을 외부의 책임으로 돌리는 이해의 방식이다. 이 노래에서처럼 그리운 사람의 꿈에 보인다는 것은 내가 지나치게 상대방을 생각해서가 아니고 상대방이 나를 생각하기 때문에 꿈에 나타난다고 믿는 것이다. 이 작품을 보면 아무리 상대방이 보고 싶어도 꿈에 나타난 적이 없었던데, 잠깐 조는 짧은 시간 동안에 그리던 임이 꿈속에 나타난 걸보니 그 임도 나를 생각하고 있다는 것을 확인 할 수 있었고, 이로 인해 지금까지 꿈이라는 걸 믿지 않았는데 이 사건을 계기로 비로소 꿈을 믿기 시작했다는 의미이다.

うたたねに
恋(こひ)しき人(ひと)を
見(み)てしより
夢(ゆめ)てふものは
たのみそめてき

오노노 고마치(小野小町)
생몰년 미상. 롯카센과 산주롯카센의 한사람이다. 많은 가인들과 주고받은 증답가로 미루어 볼 때 그녀의 가장 왕성한 활동 시기는 850년을 전후한 시기로 볼 수 있다. 그녀의 작품은 인생의 비애, 애틋한 사랑의 감정을 잘 표현하고 있다. 특히 섬세하면서도 애절한 감정 묘사, 다양한 언어적 기법 등을 구사하여 당대 여류가인 중 일인자로 꼽혔던 가인이다. 일본 문학에서는 그녀를 둘러 싼 전설이나 설화 등이 많이 남아 있다.

〈아리와라노 나리히라(在原業平)〉

오래 전 옛날
신화의 시대에도
듣지 못했네
다쓰다 강 물속이
빨갛게 젖었다고

이 노래는 가을 단풍의 명소로 알려진 다쓰다강의 가을 단풍을 읊고 있다. 다쓰다강 주변의 단풍은 아름답기로 유명하다. 그런데 이 작자는 나무에서 떨어진 단풍잎이 떨어져 강물에 잠겨 있는 장면을 읊고 있다. 강물에 잠겨 있는 빨간 단풍잎이 강물을 통해 투명한 광채를 뿜으며 반짝이고 있는 모습이 너무나 아름답다. 물속에 담긴 단풍잎이 투명한 강물을 통래 더욱 선명하게 붉은 빛을 발하며 아름답게 반짝이는 모습에 대해서는 그 옛날부터 현재까지 들어본 적이 없는 신기한 색깔임을 읊고 있다. 현세가 아닌 먼 옛날의 신화의 시대(神代)라는 표현을 사용함으로써 신비감을 더하게 하고 있으며, 강물이라는 거울을 통해 비치는 투명하면서도 비현실적인 신비감이 이 작품을 더욱 빛나게 하고 있다. 그리고 붉은 단풍잎의 색깔을 일본에서는 볼 수 없는 신비로운 빨강(唐紅-からくれない)으로 표현하여 또 다른 신비감을 표현하고 있다. 제1구의 '치하야부루(ちはやぶる)'는 마쿠라고토바(枕詞: 어떤 말의 앞에 붙어서 뒤에 나오는 말을 유도하는 역할을 하는 표현을 지칭하며 굳이 번역을 하지 않는 경우가 많다)로서 가미(神), 우지(宇治) 등을 유도할 때 사용한다.

ちはやぶる
神代(かみよ)も聞(き)かず
竜田川(たつたかわ)
からくれなゐに
水(みず)くくるとは

달도 옛 모습
봄도 그 때의 그 봄
아니건 만은
이 내 몸 하나만은
옛날 그대로일세

이 노래는 예로부터 아주 유명한 작품이다. 헤이안 시대를 대표하는 우타모노가타리(歌物語-와카를 소재로 그 노래가 읊어진 배경을 이야기로 엮은 문학의 장르)의 효시인『이세모노가타리(伊勢物語)』에도 이 노래가 실려 있다.『고킨와카슈(古今和歌集)』의 이노래의 고토바가키(詞書: 와카의 성립 배경 등을 소개하는 문장으로 일반적으로 와카 앞에 기록되어져 있음)만 읽어도 이 와카의 대충 줄거리를 짐작할 수 있다. 여기에 고토바가키를 인용해 보자.

「五条后宮の西の対にすみける人に、ほにあらでもの言ひわたらひけるを、正月の十日あまりになむ、他所へかくれにける。あり所は聞きけれど、えもの言はで、またの年の春、梅の花さかりに、月のおもしろかりける夜、去年を恋ひて、かの西の対に行きて、月のかたぶくまで、あばらなる板じきにふせりて詠める。

(옛날 5조거리에 황태후가 사시던 집의 서쪽 건물에 살고 있던 여자에게 처음부터 연모를 품고 있지는 않았지만 사랑을 하게 되었는데,정월 열흘쯤에 다른 곳으로 자취를 감추고 말았다. 있는 곳은 들어 알고 있지만 소식을 전하지 못하다가 다음 해 봄에 매화가 한창일 무렵에, 달빛이 아름다운 밤에, 작년을 그리워하며 그 서쪽 건물에 가서 달이 기울 때까지 허물어진 마룻바닥에 엎드려 노래를 읊었다.)」

위의 고토바가키의 내용처럼 옛날부터 사랑을 해오던 사람이 어느 날 어디론가 사라졌는데 도저히 그녀를 잊을 수 없어 다음 해에 그녀가 사라지던 날 밤에 다시 추억의 장소에 와서 노래를 읊은 것이 이 노래의 내용이다.

봄의 정취나 달빛 같은 자연은 옛날 그대로 일 텐데도 임과 같이 있는 게 아니기 때문에 옛날의 봄과 달이 아닌 것이다. 오로지 자신 혼자만이 옛날 그대로 남아 있음을 한탄하는 내용이다. 자연은 변하지 않는 것이지만, 그 자연을 바라보는 인간의 처지가 어떤가에 따라 변화한다는 이치를 우리에게 깨닫게 해 주는 노래로 잔잔한 듯하면서도 떠난 임을 잊지 못하는 작자의 격정적인 감정이 잘 나타나 있다. 얼핏 보기에는 밋밋한 느낌의 노래지만 음미하면 할수록 매력이 느껴지는 노래의 분위기가 이 작품의 매력이라 하겠다.

月(つき)やあらぬ
春(はる)や昔(むかし)の
春(はる)ならぬ
わが身(み)ひとつは
もとの身(み)にして

결국은 가는
길이라고 전부터
들어왔지만
어제 오늘 될 줄은
생각지도 못했소

이 노래의 고토바가키(詞書)에는 '病して、弱くなりにける時詠める。(병이 들어 몸이 아주 쇠약해 졌을 때 읊었다.)'라고 적혀 있다. 이 노래에서 말하는 결국은 가는 길이란 인생의 종말인 죽음의 길을 말한다. 인간에게 있어 죽음이란 누구나가 맞이하게 되는 것이다. 가미노쿠(上句: 와카의 5,7,5,7,7 중, 앞의 5,7,5구를 지칭함)에서는 죽음이라는 것을 관념적으로만 이해하고 있었음을 표현하고 있다. 그러나 시모노쿠(下句: 와카의 5,7,5,7,7 중, 뒤의 7,7구를 지칭함)에서는 죽음이 자신이 맞이할 수밖에 없는 현실로서 받아들일 수밖에 없음을 솔직하게 토로하고 있다. 어찌할 수도 없는 죽음이라는 비통한 현실을 잘 포착한 작품이다. 이와 같이 죽음을 맞이하여 읊은 노래를 지세이카(辞世歌)라고 하는데 작자인 나리히라다운 멋진 세상을 하직하는 작품이라 하겠다. 이 작품은 『이세모노가타리(伊勢物語)』의 제일 마지막 단락에도 나오는데, 거기에는 '昔、男、わづらひて、心地死ぬべくおぼえければ(옛날 한 남자가 병에 걸려 죽을 것 같은 생각이 들어서)'라고 되어 있다. 즉 『이세모노가타리(伊勢物語)』라는 작품의 주인공의 종말을 읊은 노래로 자리매김하고 있는 것이다.

つひにゆく
道(みち)とはかねて
聞(き)きしかど
きのふけふとは
思(おも)はざりしを

아리와라노 나리히라(在原業平)

825년-880년. 아리와라노 나리히라는 롯카센 중의 한사람이다. 그는 용모가 수려하고 매사에 자유분방한 성격으로 당시 사람들 사이에서는 사랑의 노래의 명수로 알려져 있었다. 당대의 알려진 호색가로 뭇 여성들과의 염문으로도 유명하다. 이러한 자질 때문에 일본 최초의 우타모노가타리(歌物語)인 『이세모노가타리(伊勢物語)』의 남자 주인공인 어느 남자(或る男)가 나리히라일 것이라고 전해 내려 왔다. 『고킨와카슈(古今和歌集)』에 30수의 노래가 실려 있는데 이 30수가 모두『이세모노가타리(伊勢物語)』에도 실려 있다.

〈미부노 다다미네(壬生忠岑)〉

저물었구나
하고 보면 새벽이
오는 여름 밤
부디 밝지말라고
우는 산 두견새여

여름은 밤이 짧다. 그러기에 해가 저물었나 하고 보면 어느새 새벽이 되어 날이 밝아 온다. 산 속 깊숙한 곳에서 울어대는 두견새가 왜 우는가 하고 그 이유를 찾아보니 밤이 짧아서 날이 너무 일찍 밝아오니 제발 새벽이 좀 늦게 와달라고 당부하기 위하여 울며 부르짖는다는 식으로 이해한 노래이다. 여름에 우는 두견새의 울음소리가 구슬프게 들리는데 무엇 때문에 우는 지에 대한 궁금함을 작자 나름대로 해석한 노래이다. 이렇게 어떤 사물이나 현상 등의 이유를 노래 속에서 파악하는 경우를 이지적(理知的)인 노래라고 하는데, 이 이지적 노래라는 것이 『고킨와카슈(古今和歌集)』의 대표적인 가풍 중의 하나이다. 미부노 다다미네(壬生忠岑)는 『고킨와카슈(古今和歌集)』의 편집자 중의 한 사람이었기에 이런 이지적인 노래를 실은 것으로 판단된다.

暮(く)るるかと
見(み)ればあけぬる
夏(なつ)の夜(よ)を
あかずとやなく
山(やま)ほととぎす

미부노 다다미네(壬生忠岑)
생몰년 미상. 미부노 다다미네(壬生忠岑)는 산주롯카센의 한사람이며 『고킨와카슈(古今和歌集)』의 편집자의 한사람이기도 하다. 그의 와카는 온화하면서도 서정미 넘치는 가풍으로 알려져 있다. 시카슈(私歌集)로는 『다다미네슈(忠岑集)』가 남아 있다. 후대의 우타모노가타리인 『야마토모노가타리(大和物語)』에는 순발력이 있어 즉석에서 와카를 읊는 즉흥적인 와카의 명인으로 표현되어 있다.

〈오오에노 치사토(大江千里)〉

달을 보면은
수많은 생각들이
떠오른다네
이 내 몸 혼자만의
가을이 아닌데도

가을은 쓸쓸한 계절이다. 특히 길고 긴 가을밤은 사람으로 하여금 많은 생각을 하게 만든다. 이런 긴 긴 밤에 밝은 달이라도 하늘에 떠 있으면 그 쓸쓸함이 더해지고 더욱더 많은 생각들에 잠기게 된다. 가을 달을 쳐다보면서 사색에 젖는 것은 누구나가 경험하는 일이기에 이상할 것이 조금도 없지만, 왠지 자신의 쓸쓸함은 유독 더 심한듯하여 견딜 수가 없음을 노래하고 있다. 언어적 표현으로서의 기법도 사용되고 있는데, 셀 수 없이 많은 숫자를 나타내는 '치지(ちぢ〈千千〉)'라는 표현과 이 숫자의 정반대인 하나를 뜻하는 '히토쓰(ひとつ)'와의 대비도 본인만의 쓸쓸함을 강조하는 기법으로 사용하고 있다.

月見(つきみ)れば
ちぢにものこそ
かなしけれ
我(わ)が身(み)ひとつの
秋(あき)にはあらねど

오오에노 치사토(大江千里)
생몰년 미상. 중국 한시의 영향을 많이 받은 가인이다. 와카에서도 한시적인 분위기를 자아내는 작품이 많다. 특히 중국의 백락천의 영향을 많이 받았다. 『고킨와카슈(古今和歌集)』에 10수가 실려 있다. 시카슈로는 『치사토슈(千里集)』가 전해 온다.

〈기노 도모노리(紀友則)〉

눈이 내리면
모든 나무들마다
꽃이 핀다네
어느 것이 매환지
구별하여 꺾을까

앞에서 나온 적이 있는 『만요슈(万葉集)』의 야마베노 아카히토(山部赤人)의 노래와 비슷한 취향의 노래이다. 매화꽃에 눈이 내린 '설중매'를 읊은 작품으로 실제의 풍경을 담고 있다. 매화꽃이 핀 나무 가지마다 함박눈이 내려 쌓여 눈꽃으로 덮혀 버렸다. 어느 것이 눈이고 어느 것이 매화꽃인지 구별할 수 가 없어 꽃을 꺾을 수가 없음을 표현하고 있다. 가미노쿠(上句)에서는 실제의 풍경을 읊고 있고, 시모노쿠(下句)에서는 자신의 실제적인 감정을 대비하여 읊고 있다. 표현상으로는 '기고토(木ごと)'를 한자로 표기하면 '木毎'가 되는데, 이 한자는 매화의 '매(梅)'자 한자의 변과 방을 가지고 표현했다는 점에서 언어적인 기법도 뛰어난 작품이라 할 수 있다.

ゆき降(ふ)れば
木(き)ごとに花(はな)ぞ
咲(さ)きにけり
いづれを梅(むめ)と
わきて折(を)らまし

기노 도모노리(紀友則)
생몰년 미상. 기노 도모노리는 산주롯카센 중의 한사람이며『고킨와카슈(古今和歌集)』의 편집자 중의 한사람이다. 기노 쓰라유키(紀貫之)의 사촌형이기도 하다.『고킨와카슈(古今和歌集)』에 46수의 와카가 실려 있으며『고킨와카슈(古今和歌集)』의 마지막 편찬 작업 중 사망한 것으로 알려져 있다.

〈고고천황(光孝天皇)〉

그대를 위해
봄의 들녘에 나가
봄나물 캐는
나의 소매자락엔
눈이 계속 내리네

일본의 헤이안 시대 귀족들은 남에게 선물이나 물건 등을 보낼 때, 그때 그때의 계절과 상황에 맞는 노래를 적어 보내는 것이 상식이었다. 이 노래도 지인에게 보내는 봄나물과 함께 적어 보낸 작품이다. 일본에서는 음력 정월 달 처음 맞이하는 쥐의 날에 나물로 죽을 만들어 먹는 풍습이 있었다. 나중에는 음력 정월 칠일로 날을 정하여 봄나물 죽을 먹게 되었다. 봄나물로 만든 죽을 먹는 것은 일 년 동안 사악한 기운을 막고 무병장수를 기원하는 데에서 유래한 것이다. 눈이 오는 데에도 불구하고 상대방을 위해 눈을 맞으면서까지 정성껏 봄나물을 캐는 이 노래의 작자인 임금을 연상하며 백성들은 감격의 눈물을 흘렸을 것이다. 왕이 직접 연중행사에 참여하여 본을 보이는 것은 제정일체의 시대였기 때문이다. 즉 연중행사를 소홀히 하여 흉년이라도 들면 그 모든 책임이 왕에게 돌아오기 때문에 왕들은 국민의 정서를 의식하지 않을 수 없었을 것이다.

君(きみ)がため
春(はる)の野(の)にいでて
若菜摘(わかなつ)む
我(わ)が衣手(ころもて)に
雪(ゆき)は降(ふ)りつつ

고고천황(光孝天皇)
830년-887년. 일본 58대 천황으로 천성적으로 풍류를 즐긴 임금으로 알려져 있다.『고킨와카슈(古今和歌集)』에 2수의 와카가 실려 있고 이하의 칙찬와카집에 14수의 와카가 실려 있다.

〈아리와라노 모토카타(在原元方)〉

새해 밝기 전
이미 봄은 왔다네
이런 한 해를
작년이라 할까나
올해라고 할까나

이 노래는 『고킨와카슈(古今和歌集)』의 제일 처음에 나오는 권두가(卷頭歌)로 유명하다. 음력으로 설날이 오지 않았는데 입춘 날이 되었다. 작자는 이 입춘 날은 새해가 오지 않았을 때 온 것이니 어쩌면 작년 입춘이라고 불러야 하지 않을까 하고 궁금해 한다. 하지만 작년 봄은 이미 작년에 지나가 버렸으니 올해 봄이라고 부르는 게 좋지 않을까 싶다. 이런 경우 독자 여러분이라면 어떻게 생각할 것인가? 이 입춘 날에서 음력 설날까지의 기간을 올해라고 해야 할지 작년이라 해야 할지 망설여지는 게 당연하다. 이러한 구체적인 내용과 관계없이 이 노래는 새 봄의 시작을 축하하며 읊은 노래이다. 이런 경사스러운 노래를 권두가에 배치하여 『고킨와카슈(古今和歌集)』라는 칙찬와카집(勅撰和歌集: 임금의 어명에 의해 편찬된 와카집)이 잘 완성되기를 기원하는 의미도 함께 담아 엮은 것이다.

年(とし)のうちに
春(はる)はきにける
ひととせを
こぞとやいはむ
ことしとやいはむ

아리와라노 모토카타(在原元方)
생몰년 미상. 산주롯카센의 한사람으로 아리와라노 나리히라의 손자이다. 그의 관직이나 생애에 대해서는 알려진 것이 없다. 그런데도 불구하고 『고킨와카슈(古今和歌集)』에는 14 수의 와카가 실려 있을 정도로 실력을 인정받고 있다. 특히 『고킨와카슈(古今和歌集)』의 권두가의 작자로 유명하다. 시카슈로는 『모토카타슈(元方集)』 가 전해진다.

〈기노 쓰라유키(紀貫之)〉

봄 안개 피고
새싹이 움이 트는
봄 눈이 오면
꽃이 없는 마을에
눈꽃이 지는도다

우선 표현상의 특징 하나를 살펴보자. 가케코토바를 사용하고 있는데 새싹이 움트다 라는 의미의 '하루(張る)'와 봄이라는 의미의 '하루(春)'를 사용하여 새싹이 움이 트는 봄이라고 해석할 수 있다. 봄을 상징하는 표현이 많이 있는데 그 중에서도 제일 많이 사용하는 '봄 안개(霞: かすみ)'와 '새싹(木の芽)'과 '꽃(花)' 등을 사용하여 봄의 봄다움을 강조하고 있다. 특히 봄에 내린 눈을 꽃으로 비유하는 표현 등도 많이 사용되는 기법 중의 하나이다. 당시에는 봄에 오는 눈은 귀찮은 존재가 아니고 풍년을 암시하는 좋은 징조로 인식했기 때문에 봄에 피는 눈꽃은 자주 노래에 등장하는 소재이다. 매화와 눈꽃에 대한 조합은 앞에서도 소개한 바 있지만, 이 노래에서는 아직 어디에도 봄을 상징하는 매화나 벚꽃이 없지만 눈이 내려 봄꽃을 대신해 주고 있다고 노래하는 점이 색다르다.

かすみたち
木(こ)の芽(め)もはるの
雪降(ゆきふ)れば
花(はな)なき里(さと)も
花(はな)ぞ散(ち)りける

사람 마음은
글쎄 알 수 없지만
이 곳 마을은
매화꽃 짙은 향이
그 옛날 그대롤세

변하기 쉬운 인간의 마음과 좀처럼 불변하는 지연과의 대조를 잘 나타낸 노래이다. 고토바가키에 보면「はつせにまうづるごとに、やどりける人の家に、ひさしくやどらで ,ほどへてのちにいたりければ、かの家のあるじ、〈かくさだかになむやどはある〉といひだして侍りければ、そこにたてりけるむめの花をりて、よめる。(하쓰세에 참배 갈 때마다 묵고 가던 어떤 사람 집에, 오랫동안 묵고 갈 일이 없다가, 꽤 세월이 흐른 후에 묵으러 도착했더니, 그 집 주인이〈이렇게 변함없이 집은 확실히 그대로 있는데〉하고 말을 하시기에, 그 집에 서 있는 매화나무에서 매화꽃을 꺾어서 노래를 지어 보냈다.)」라고 이 노래를 읊은 배경을 설명하고 있다. 두 사람이 얼마나 절친한 사이였는지를 엿볼 수 있는 노래로 작자의 인간관과 자연관을 짐작할 수 있는 작품이다.
얼핏 보면 특징이 없는 노래 같지만 음미하면 할수록 진리를 깨닫게 해주는 좋은 노래이다. 가미노쿠(上句: 와카의 5,7,5,7,7중 앞의 5,7,5 구를 지칭함)와 시모노쿠(下句: 와카의 5,7,5,7,7중 뒤의 7,7 구를 지칭함)를 '사람은(人は)...'과 '꽃은(花ぞ)...'이라는 주제를 대조시키는 기법이 쓰라유키의 특징 중의 하나이면서『고킨와카슈(古今和歌集)』의 대표적 기법 중의 하나이기도 하다.

人(ひと)はいさ
心(こころ)も知(し)らず
ふるさとは
花(はな)ぞ昔(むかし)の
香(か)ににほひける

기노 쓰라유키(紀貫之)
872년-945년. 『고킨와카슈(古今和歌集)』의 편집자(撰者)의 한사람으로 가인으로 유명이다. 하지만 일본 문학에서는 일본 일기문학의 효시인 『도사일기(土佐日記)』의 작자로 더 잘 알려져 있다. 『고킨와카슈(古今和歌集)』에만 102수의 와카가 실려 있다. 두 번째 칙찬와카집인 『고센와카슈(後撰和歌集)』에 79수, 세 번째 칙찬와카집인 『슈이와카슈(拾遺和歌集)』에 108수가 실려 있다.

〈세미마루(蟬丸)〉

여기가 바로
떠나가는 사람도
오는 사람도
헤어지고 만나는
오사카 관문일세

오사카 관문은 현재의 오사카(大阪)와는 전혀 무관한 별개의 장소이다. 오사카 관문은 도성에서 아즈마지방(현재 일본의 동경을 위시한 관동지방과 동북지방을 지칭함)으로 떠나갈 때 꼭 거쳐야하는 관문이다. 우리나라에도 문경새재에 가면 관문이 세 개 있는데 역할이 비슷하다고 할 수 있다. 즉 현재의 검문소와 같은 곳으로 오가는 사람들의 행적을 살피고 감시하는 역할과 숙박하는 장소를 겸하는 곳인 셈이다.
작자가 소문에만 듣던 오사카 관문에 처음으로 와 보고 감탄하며 '아 바로 여기가 그 유명한 오사카 관문이로구나. 먼 길을 떠나가는 사람도, 또 먼 길 여행을 마치고 돌아오는 사람도 여기서 만나고, 서로 아는 사이의 사람도 모르는 관계의 사람도 여기서 만난다는 뜻에서 유래한 오사카 관문이로구나' 라는 뜻이다. 우선 작자는 오사카라는 지명, 표기상으로는 'あふさか(逢ふ坂)'라고 적는데, 'あふ(逢ふ)'는 '만나다'라는 뜻인데서 착안하여 만나다(逢ふ)와 헤어지다(別れ)를 연상해 내고, 거기에서 또 '가다(行く)'와 "돌아오다(かへる)'를 끄집어내고, 또 '알다(しる)'와 '모르다(しらぬ)'를 연상해 낸 것이다. 이와 같이 발음이 유사한 것들을 쌍으로 가져 오거나 반대되는 의미의 표현들을 쌍으로 가져 오는 기법 등으로 인해 이 노래가 부르기 쉽고 이해하기 쉬운 까닭에 현재까지도 많은 사람들의 사랑을 받고 있다.

これやこの
ゆくもかへるも
別(わか)れつつ
知(し)るも知(し)らぬも
逢坂(あふさか)の関(せき)

세미마루(蟬丸)
생몰년 미상. 엔기(延喜)천황의 넷째 아들로 알려져 있다. 많은 후대 문학에서는 전설적인 인물로 알려져 있으며 비파의 명수로 기록되기도 했다. 맹인이라는 설도 있고 무당이라는 설도 전해지고 있으나 모두 확실하지는 않다.

〈이즈미 시키부(泉式部)〉

이승을 떠나
저승으로 갈때의
추억이 되게
단 한번 만이라도
그댈 만나고 싶소

고토바가키(詞書)에 '心地例ならず侍りけるころ、人のもとにつかはしける。(이제 목숨이 얼마 남지 않았다는 느낌이 들었을 때, 인편에 그 이에게 보냈다.)' 라고 나와 있는 것처럼, 작자 이즈미 시키부가 자신의 죽음이 다가옴을 짐작하고 사랑하던 사람에게 보낸 노래이다. 죽기 전에 이승에서의 마지막 추억꺼리가 될 수 있도록 다시 한 번 꼭 만나고 싶다는 본인의 간절한 소망을 숨김없이 솔직하게 고백하고 있다. 목숨이 끊어지는 마지막 순간까지 사랑의 열정을 보이고 있는 작자는 정열적인 사랑의 노래의 명수로 잘 알려져 있다.

あらざらむ
この世(よ)のほかの
思(おも)ひいでに
今(いま)ひとたびの
逢(あ)ふこともがな

오래 기다린
임이 지금 온다면
어찌할까나
아무도 밟지 않은
마당의 하얀 눈을

그리운 임이 밤에 자기를 찾아오기를 간절히 기다리는데 시간은 자꾸 흘러만 간다. 이제나 오려나 저제나 오려나 기다리는데 기다리는 임은 오지를 않는다. 기다리다 지쳐 문득 밖을 보니 마당 가득히 눈이 내려 쌓여 있다. 기다리며 임 생각에 젖어 있는 동안에 조용히 눈이 내린 것이다. 이제 밤도 늦어 임이 올 것 같지 않을 예감이 든다. 그래도 혹시나 온다면 이 쌓인 눈 위에 내 임의 발자국이 남을 텐데 그럼 이걸 아까워서 어떻게 하나 하고 곤란해 하고 있다. 올 리가 없는 임을 그래도 한 가닥 희망을 가지고 기다리고 있는 여인의 간절함이 느껴지는 작품이다. 표면적으로는 아무도 밟지 않은 눈을 임이라도 밟지 않기를 바라는 것처럼 보이지만, 실제로는 임이 오기만 한다면 얼마나 반가울까 하는 간절함을 담고 있는 노래이다.

待(ま)つ人(ひと)の
今(いま)もきたらば
いかがせむ
踏(ふ)ままくをしき
庭(にわ)の雪(ゆき)かな

이즈미 시키부(泉式部)
976년-1036년.오노노 고마치와 쌍벽을 이루는 헤이안 시대의 여류가인이다.뛰어난 교양으로 많은 남성들과 염문을 뿌린 가인이다. 자유분방한 생활과 솔직 담백한 감정 표현으로 유명하다. 일본 여류일기문학의 대표작이라 할 수 있는 『이즈미시키부일기(泉式部日記)』는 약 150여 수의 증답가를 중심으로 쓴 모노가타리적인 성격이 강한 일기문학으로 알려져 있다.시카슈로는 『이즈미시키부슈(泉式部集)』가 전해 온다.

〈후지와라노 도시나리(藤原俊成)〉

이 세상일을
피할 길이 없어라
찾아간 그곳
산 깊은 곳에서도
사슴이 울고 있네

일본의 중세 시대에는 전란이 잦았던 시대이다. 그러다 보니 허무한 세상을 등지고 은둔하는 사람들이 많았다. 이 노래도 은둔자의 심경을 읊은 작품이다. 번뇌 투성이의 속세가 싫어서 세상을 등지고 산 속 깊은 곳으로 들어갔는데 그곳에서도 숫사슴이 울고 있더라는 내용이다. 사슴이 운다고 하면 이상하게 생각할지 모르겠는데, 평소에 사슴 소리를 들을 수 없지만 짝짓기 계절인 가을에는 짝을 찾는 숫사슴들이 애절하게 우는 것이다. 짝짓기를 하는 동물적인 본능이야 말로 세속적인 욕망의 상징과도 같은 것이다. 즉 이 세상 어디에도 세속적인 번뇌와 고통이 없는 곳이 없다는 사실을 깨닫게 되는 것이다. 즉 은둔이라는 것이 일시적인 방편이 될지 몰라도 궁극적인 도피처는 없음을 산 속 깊이 들어와서 깨닫게 되었다는 내용이다. 이 노래는 작자의 아들인 데이카(定家)가 훗날 일본을 대표하는 가인 100명의 노래를 한 수 씩 골라 엮은 『오구라햐쿠닌잇슈(小倉百人一首)』에도 들어 있다. 즉 아들이 보기에도 아버지의 여러 작품 중에서 가장 뛰어난 노래라고 생각했던 것 같다.

世(よ)の中(なか)よ
道(みち)こそなけれ
思(おも)ひ入(い)る
山(やま)のおくにも
鹿(しか)ぞ鳴(な)くなる

후지와라노 도시나리(藤原俊成)
1114년-1204년. 후지와라 슌제이라고도 부름. 헤이안 시대 말기에 최고 권력가문에서 태어나 중세 시대 초기에 걸쳐 활약한 가인이다. 와카문학의 지도자적인 위치에 있었으며 그의 아들인 후지와라노 사다이에(藤原定家)도 유명한 가인이다. 특히 헤이안 말기에서 중세 시대의 두 시대에 걸쳐 활약한 가인으로 당시의 암울한 시대적 배경을 잘 읽어내고 있다.

〈자쿠렌(寂蓮)〉

쓸쓸함이란
어떤 색깔로서도
못 나타내네
상록수가 빽빽한
산속의 가을 석양

가을을 대표하는 정서인 쓸쓸함을 색깔로 나타내면 어떤 색이 될까? 정서를 색깔로 나타내기란 참으로 어렵다. 이 작품의 작자도 가미노쿠(上句)에서 가을의 쓸쓸함을 구체적인 색깔로 나타낼 수 없음을 읊고 있다. 시모노쿠(下句)에서는 눈앞에 보이는 구체적인 석양풍경을 읊고 있다. 가을 석양이 드리운 산의 풍경인데, 산 속에는 단풍이 드는 나무 품종이 우거진 산이 아니고, 온통 상록수들로 빽빽한 산이다. 이런 가을다운 단풍조차 볼 수 없는 산에서 무슨 가을의 정취를 느낄 수 있을까? 그런데 작자는 놀랍게도 이렇게 상록수로 빽빽한 산에도 가을의 석양빛이 드리우면, 온 산이 석양빛으로 묘하게 물들어 그 빛깔이 이 세상 어디에서도 찾아볼 수 없는 신기한 풍경을 자아내어 가을다운 적막함과 쓸쓸함을 더욱 강하게 느끼게 해 준다라고 노래한다. 보통은 가을하면 아름다운 단풍을 연상하지만, 이 작자는 아무런 특징도 없는 상록수로 가득한 산에서 가을 정취를 물씬 느끼고 있다는 점에서 심미안적 태도를 엿볼 수 있다.

寂(さび)しさは
その色(いろ)としも
なかりけり
槙立(まきた)つ山(やま)の
秋(あき)の夕暮(ゆふぐれ)

자쿠렌(寂蓮)
1139년-1202년. 관직에 있다가 후에 출가하여 불교에 귀의했던 가인이다. 『신코킨와카슈(新古今和歌集)』의 편집자 중의 한사람이다. 칙찬와카집에 실려져 있는 와카의 작품수는 117수이다.

〈사이교(西行)〉

속세를 떠난
이 몸도 가을 정취
느낄 수 있네
도요새 놀라 나는
물가의 가을 석양

이 노래는 이 세상의 속세를 살아가는 속물들이나 느낄 수 있는 정취를, 속세를 떠나 불자로서 수행을 닦고 있는 작자로서도 뼈저리게 느끼게 해주는 가을 석양 풍경을 읊고 있다. 즉 어지간한 풍경이나 세상사 등에는 전혀 요동하지 않는 수행자에게도 가을의 석양 풍경은 감동을 주고도 남는다는 뜻이다. 가을 석양 무렵에 도요새가 물가에서 놀다가 무언가에 놀라 푸드득하고 날아가는 소리가 들리는 장면에서 가을의 쓸쓸함의 절정을 맛볼 수 있다. 도요새가 놀라 나는 날개소리 즉 청각과 빨갛게 물든 가을 석양 풍경, 즉 시각적 이미지가 잘 조화된 작품이다. 원래 불교에 귀의하여 출가한다는 것은 세속적인 미련을 다 버린다는 의미인데, 그런 속세를 떠난 사람들에게조차 가을의 석양 풍경은 세속적인 미련을 느끼게 해준다고 표현하고 있다. 즉 속세를 떠난 사람이면 당연히 세속적 미련을 버려야 한다는 다테마에(建前)와 그럼에도 불구하고 인간이기에 세속적 감정을 느끼는 경우도 있을 수 있다는 혼네(本音)를 잘 이해하게 해주는 작품이다.

心(こころ)なき
身(み)にもあはれは
知(し)られけり
鴫(しぎ)たつ沢(さわ)の
秋(あき)の夕暮(ゆふぐれ)

나이가 들어
또 다시 넘으리라
생각 못했네
오래도 살았기에
넘어가는 나카야마

이 노래는 작자가 69세 되던 해에 읊은 작품이다. 작자가 30살 되던 해에 넘었던 나카야마라는 산을 늙은 나이에 다시 넘게 되었을 때 부른 노래이다. 당시의 69세는 현대의 69세와 달리 상당한 고령층이었다. 노인으로서는 넘기 힘든 여정의 감회를 잘 나타내고 있는 작품이다. 네 번째 구의 '오래도 살았기에(命なりける)'라는 표현은 긴 인생을 돌아보며 자연스럽게 나온 표현일 것이다. 이 작품 속의 사야의 나카야마(さやの中山)는 현재의 시즈오카현에 있는 사야(小笠)군을 지칭하는 지명인데, 당시에는 일본 동북지방으로 갈 때에는 이 고개를 꼭 넘어야 했다. 이 노래는 작자가 혼자서 뇌까리는 듯한 내용인데, 작자의 숨소리가 직접적으로 느껴지며, 어떤 의미에서는 노인의 생기발랄함마저 느껴지는 노래이다. 일본 문학에서는 사이교(西行)라는 작가를 흔히 '나그네 시인(旅の詩人)'이라고 일컫는데 이 험한 여정을 무사히 끝내고도 3년을 더 살다가 작고하였다.

年(とし)たけて
また越(こ)ゆべしと
思(おも)ひきや
命(いのち)なりける
さやの中山(なかやま)

바라옵기는
벚꽃그늘 아래서
봄에 죽고파
부처님 돌아가신
2월 보름 무렵에

이 노래는 사이교가 건강했을 때 지은 것으로 그와 친분이 있던 사람들 사이에서는 잘 알려진 작품이다. 작품 내용에서 기원한 대로 사이교는 실제로 1190년 음력 2월 16일에 세상을 떠났다. 그 소식을 듣고 사이교의 지인이었던 슌제이(俊成), 지엔(慈円), 요시쓰네(良経) 등 평소 친분이 있던 가인들은 모두 놀라며 슬퍼했다고 한다. 본문의 '기사라기(きさらぎ)'는 음력 2월을 나타내는 말이고, '모치쓰키노고로(望月のころ)'라는 말은 음력 15일을 나타낸다. 음력 2월 15일은 석가가 입멸한 날이어서, 불교 수행자인 사이교로서는 부처님처럼 그때쯤 죽기를 갈망해 왔던 것이다. 평소의 바람대로 실제로 사이교는 부처의 입멸한 날에서 하루 늦은 2월 16일에 세상을 떠났으니, 그를 아는 지인들이 경탄하며 부러워했을 것이다. 살아 있는 동안에 종교와 문예 활동에 힘을 쓰면서 소망했던 바가 죽음을 맞이해서도 성취되었음을 볼 때, 현대를 사는 우리들에게도 놀라움을 안겨 준다. 그런데 이 노래에서 의심이 드는 것은 과연 음력 2월 보름쯤에 벚꽃이 피는가 하는 점이다. 우리가 잘 알고 있는 『겐지이야기(源氏物語)』의 〈하나노 엔(花宴)〉권에 보면 봄날 음력 2월에 어전에서 벚꽃 연회가 열려, 와카를 서로 지어 읊으며 음악을 연주하고 춤을 즐기는 장면이 나온다. 음력은 해에 따라서 계절감이 미묘하게 어긋나는 일이 있는데, 아마도 음력 2월 보름 무렵이 현재의 양력으로는 4월에 해당하는 해도 있으니 벚꽃이 피는 해도 있었을 것이다. 실제로 사이교가 죽은 음력 1190년 2월 16일을 양력으로 조사해 보면 1190년 3월 29일로 나온다. 양력 3월 29일이라면 벚꽃이 만개하지는 않더라도 봉오리 정도는 피고, 해에 따라서는 만개하는 해도 있었을 것으로 짐작할 수 있다.

이와 같이 죽는 날까지도 꽃과 함께 하기를 바라던 사이교는 실제 작품 속에서도 꽃과 달을 많이 읊은 시인으로서도 유명하다. 그는 23세 때 출가하여 평생을 이곳저곳을 나그네 시인으로 떠돌아 다니면서 불교 수행과 와카 짓는 일에 정진하였으며, 『신코킨와카슈(新古今和歌集)』를 대표하는 가인이라 할 수 있다.

ねがはくは
花(はな)の下(した)にて
春死(はるし)なむ
そのきさらぎの
望月(もちづき)のころ

사이교(西行)
1118년-1190년. 일본 시가문학사에서 후지와라노 도시나리와 더불어 헤이안 시대와 중세 시대에 걸쳐 활약한 가인으로 유명하다. 23세의 나이에 출가하여 평생을 떠돌면서 여러 산중에 암자를 짓고 초암에 기거하면서 불교 수행과 와카 짓는 일에 몰두했다. 고토바인 천황이 인정할 정도로 『신코킨와카슈(新古今和歌集)』를 대표하는 가인이다. 그의 작품은 2000여수 정도가 남아 있는데 꽃이나 달을 소재로 한 작품이 많고 인생 무상을 읊은 작품도 많이 남아 있다. 인간의 본연의 모습을 자연 속에서 찾으려는 시도가 돋보이는 가인이다.

〈후지와라노 사다이에(藤原定家)〉

바라다보니
벚꽃도 단풍잎도
보이질 않네
바닷가 어촌 마을
가을 석양 무렵에

이 노래는 쓸쓸하기 그지없는 해변가의 가을 정경을 읊고 있다. 가난한 어부들이 모여 사는 이촌을 내려다보니 봄의 화려한 벚꽃도 가을의 운치를 자아내는 단풍도 보이질 않고 오직 황량하기 그지없는 쓸쓸한 풍경이다. 여기에 한층 더 쓸쓸함을 더해주는 삭막한 석양 무렵에는 그 쓸쓸함이 극에 도달한다. 즉 무엇 하나 내세울 것이 없는 바닷가 어부들의 초라한 집들이 군데군데 보이는 한적한 분위기와 더욱이 분위기를 고조시키는 가을 석양 풍경이 조화를 이루어 쓸쓸함의 극치를 연출해 내고 있다.

見渡(みわた)せば
花(はな)も紅葉(もみぢ)も
なかりける
浦(うら)の苫屋(とまや)の
秋(あき)の夕(ゆふ)ぐれ

봄날 짧은 밤
꿈길 끊겨 잠 깨니
새벽 하늘에
가로 흐른 구름이
봉우리를 떠나네

이 노래의 제2구 '유메노우키하시(夢のうき橋: 꿈속의 다리)'라는 표현은 헤이안 시대의 유명한 『겐지이야기(源氏物語)』라는 작품의 마지막 권에서 그대로 따온 표현이다. 봄날 새벽에 꿈을 꾸는 중에 꿈길이 끊겨 잠을 깨 보니 새벽하늘에는 산봉우리를 떠나 옆으로 길다랗게 구름이 흘러간다는 의미의 노래이다. 일본 고전에서는 원래 꿈을 꿀 때에는 꿈이 다닐 수 있는 길이 있는데 도중에 그 꿈길이 끊어지면 꿈이 깬다는 식의 인식을 하고 있었다. 꿈이 도중에 깨인다는 것은 그렇지 않아도 현실감이 없는 게 꿈인데 그것이 끊겼으니 더욱 허무하다는 의미이기도 하다. '요코구모노소라(横雲の空: 봄날 새벽이 되면 옆으로 흐르는 구름이 하늘을 향해 흘러간다)'라는 봄날 새벽의 천체 현상을 통해 봄날 새벽의 몽환적인 분위기를 가미하고 있다. 이 작품은 『겐지이야기(源氏物語)』라는 작품을 떠나서는 이해할 수 없는데, 데이카의 시대에는 가인들의 필독서로 『겐지이야기(源氏物語)』를 읽고 있었기 때문에 당시 사람들은 이 노래를 충분히 이해했을 것이다. 『겐지이야기(源氏物語)』의 유메노 우키하시(夢のうき橋: 꿈속의 다리) 권의 내용은 교토의 우지(宇治)라는 곳을 무대로 가오루노 기미(薫君)가 우키후네(浮舟)와의 사랑에 실패하여, 못 다 이룬 사랑을 끝내는 곳이 '유메노 우키하시(夢のうき橋)'라고 이름 붙은 곳이다. 이 노래는 데이카가 가오루의 입장에서 창작한 것으로 시모노쿠의 14자도 우지(宇治) 산마을에서 혼자 밤을 지새운 가오루의 눈에 어린 장면을 상상하며 읊고 있다. 이야기 속의 주인공을 와카의 작품 속으로 끌어들임으로서 환상미를 더하고 있다.

春(はる)の夜(よ)の
夢(ゆめ)のうき橋(はし)
とだえして
峰(みね)にわかるる
横雲(よこぐも)の空(そら)

후지와라노 사다이에(藤原定家)
1162년-1241년. 후지와라 데이카라고도 부름. 앞에서 소개한 바 있는 후지와라노 도시나리의 아들이다. 막부정치가 시작되어 귀족들이 설 자리를 잃어가는 당시의 현실 속에서 와카를 잘 지켜나가기 위해 고군분투하는 모습이 엿보인다. 그는 와카의 작품활동은 물론이고 와카와 관련된 학문이라 할 수 있는 가론(歌論)에도 열심이었다. 그의 집안은 아버지인 후지와라노 도시나리는 물론이고 그의 자녀들도 와카에 적극적으로 참가하여 일본 시가문학사에서 중요한 위치에 있다.

〈쇼쿠시 나이신노(式子內親王)〉

산이 깊어서
봄이 온지 모르는
오두막 문에
눈 녹은 물방울이
끊일 듯 떨어지네

헤이안 시대를 대표하는 여류 가인으로 오노노 고마치(小野小町)가 있었다면 중세를 대표하는 여류 가인으로는 쇼쿠시 나이신노(式子內親王)가 있다. 이 노래는 입춘이 되어도 봄이 찾아오는 것이 늦은, 깊은 산 속의 암자 모습을 읊고 있다. 아무리 깊은 산이라고 해도 봄의 상징인 동풍이 불기 시작하면 조금씩이나마 눈이 녹기 시작한다. 제 4구에서 눈 녹은 물이 조금씩 떨어지는데 그 소리가 들릴 만하면 끊어지고 끊어질 만하면 들린다는 표현을 사용하여 눈 녹는 소리를 사실적이면서도 기품 있게 잘 표현하고 있다. 뚝 뚝 떨어지는 눈 녹은 물이 초라하게 소나무로 엮어 만든 소박한 암자의 문에 떨어져 은둔자에게 봄의 도래를 알려 주며 기쁨을 맛보게 해 준다. 눈 녹은 물을 '유키노타마미즈(雪の玉水: 눈이 녹아 옥구슬처럼 영롱하게 떨어지는 물)'라는 아름다운 시어로 표현하고 있으며, 조용하면서도 차분히 가라앉은 분위기 속에서 눈 녹은 물이 떨어지는 모습을 기품있게 그려낸 수작이라 할 수 있다. 밝고 투명한 감각으로 입춘의 기쁨을 노래한 쇼쿠시 나이신노는 이 노래를 지은 다음 해에 세상을 떠났다.

山深(やまふか)み
春(はる)とも知(し)らぬ
松(まつ)の戸(と)に
たえだえかかる
雪(ゆき)の玉水(たまみづ)

내 생명이여
끊길 테면 끊겨라
더 이상 살면
애써 숨긴 내 사랑
들킬까 두렵구나

이 노래는 마음속에 남몰래 숨겨온 사랑을 이제는 더 이상 감출 수 없게 된 정점에서 읊은 노래인 양 현실감이 느껴지는데, 사실은 이 노래는 제목을 미리 주고 읊는 다이에이카(題詠歌)로서 주어진 제목은 〈시노부코이(忍恋: 남 몰래 숨겨온 사랑)〉이었다. 한 평생을 연애와는 무관하게 살아 왔던 작자에게도 이런 정열이 숨어있었는가 하고 감탄하게 만드는 작품이다. 〈시노부코이(忍恋)〉에는 두 가지의 의미가 있는데 하나는 자신이 사랑하는 대상에게 자신이 사랑하고 있다는 사실은 알리지 않겠다는 의미와 또 다른 하나는 누군가를 사랑하고 있다는 사실을 남에게 알리지 않겠다는 의미이다. 이 작품에서는 본인이 흠모하는 상대방에게는 물론이고, 자신이 누군가를 사랑한다는 사실은 제3자인 남에게도 알리고 싶지 않다는 두 뜻이 모두 담겨져 있는 노래라 할 수 있다. 이 노래는 데이카의 『오구라햐쿠닌잇슈(小倉百人一首)』에도 실려 있는 노래이다.

玉(たま)の緒(を)よ
絶(た)えなば
絶(た)えね
ながらへば
忍(しの)ぶることの
弱(よは)りもぞする

쇼쿠시 나이신노(式子內親王)
1153년-1201년. 시키시 나이신노라고도 부름. 신코긴 가단을 대표하는 여류 가인으로 고시라카와(後白河)천황의 딸이다. 황녀의 신분으로 태어났으나 평생을 굴곡 있는 외로운 삶을 살다 간 가인으로 알려져 있다. 특히 그녀는 사랑의 노래를 많이 읊고 있는데 이룰 수 없는 사랑의 노래가 많다. 이는 신분 때문에 사랑에 제약을 많이 받았기 때문일 것으로 보인다.

〈후지와라노 요시쓰네(藤原良経)〉

요시노산에
봄 안개 자욱하고
하얀 눈꽃이
내린 산골 마을엔
이미 봄이 왔도다

이 노래는 일본의 8번째 칙찬와카집(勅撰和歌集: 임금의 어명에 의해 편찬된 와카집)인『신코킨와카슈』의 제일 앞에 나오는 권두가(劵頭歌)로 유명하다. 이 노래의 고토바가키(詞書)에 '春立つ心をよみ侍りける。(입춘의 심경을 읊었다.)'라고 되어 있는 걸 보면 입춘 날의 풍경을 읊은 것이다. 입춘이 왔다고 해서 바로 봄다운 느낌을 얻기는 어렵다. 현대인들은 입춘하면 봄이라는 느낌보다는 아직도 겨울 추위가 남아 있어 겨울이라고 느끼는 것이지만 당시 사람들은 계절감을 기후나 기온으로 느끼기 보다는 달력을 보고 절기에 따라 계절의 변화를 느끼는 경우가 많았다. 즉 입춘이라면 어딘가에 봄다운 기운이 있을 테니 그것을 억지로라도 찾아보려고 하는 것이다. 요시노산은 일본을 대표하는 벚꽃의 명소로 유명하여 헤아릴 수 없을 정도의 수많은 노래들이 요시노산의 벚꽃을 읊고 있다. 이 노래는 요시노산에는 봄기운을 살짝 느끼게 하는 봄 안개가 피어오르고, 하얗게 내린 눈으로 뒤덮인 요시노 마을에는 벚꽃은 아니지만 눈꽃이 아름답게 피어 이미 봄이 왔음을 노래하고 있다. 눈꽃을 매화꽃, 벚꽃과 대비시킨 노래는 앞에서도 이미 여러 작품을 소개한 적이 있으니 비교하며 감상해 보는 것도 재미있을 것이다. 표현상으로 '후리(ふり)'는 눈이 내리다 라는 뜻의 '후리(降り)'와 시간이 상당히 지났음을 나타내는 '후리(古り)'를 겹쳐 사용한 가케코토바의 기법을 사용하고 있다. 그래서 뜻으로는 '눈이 내린 오래된 옛날 궁전이 있던 마을에도 봄이 왔도다'라는 뜻이 된다. 요시노에는 고대 시대에 요시노리큐(吉野離宮)라는 별궁이 있었던 곳이기도 하다.

み吉野(よしの)は
山(やま)もかすみて
白雪(しらゆき)の
ふりにし里(さと)に
春(はる)は来(き)にけり

후지와라노 요시쓰네(藤原良経)
1169년-1206년. 중세 시대에 성행하던 우타아와세(歌合)에서 많은 활약을 한 가인이다. 귀족 가문의 출신으로 어릴 때부터 몸에 익은 한문이 와카 창작에 많은 영향을 미친 것 같다. 헤이안 말기와 중세 시대 초기에 활약한 대표적인 가인의 하나인 지엔(慈円)의 조카이기도 하다. 그의 노래가 『신코킨와카슈』의 권두가에 실릴 만큼 와카의 실력을 인정받았다.

〈고토바인(後鳥羽院)〉

바라다보니
산기슭에 안개 핀
미나세 강가
석양은 가을이라
잘못 생각했었네

미나세강(水無瀨川)은 오사카와 교토에 걸쳐 흐르는 강으로 이 노래의 작자인 고토바인(後鳥羽院) 임금의 별장이라 할 수 있는 미나세리큐(水無瀨離宮)가 있었던 곳이다. 봄날 저녁에 높은 곳에서 내려다보니 산기슭을 감싸 도는 미나세강에 봄 안개가 끼어 있는데, 그 정경이 너무나 멋져서 감탄하지 않을 수가 없었다. 마치 한 폭의 수묵화를 보는 것 같은 풍경이었다. 안개 자욱한 미나세강가의 석양 풍경을 보고 작자는 마치 이상향이라도 보는 듯하다. 마치 무릉도원이라도 보는듯한 몽환적인 기분에 젖어 들었다. 그리고서 깨달은 것이 왜 지금까지 석양풍경하면 가을이 최고라는 식의 인식을 하고 있었는지 본인의 생각이 잘못 되었음을 깨달았다고 반성하는 내용이다.

見渡(みわた)せば
山(やま)もとかすむ
水無瀬川(みなせがわ)
ゆふべは秋(あき)と
なに思(おも)ひけむ

요시노산의
봉우리에 핀 벚꽃
져버렸구나
부는 바람도 하얀
봄날 동틀 무렵에

이 노래는 요시노산의 실제 모습을 읊은 것이 아니고, 작자가 지은 교토의 시라카와(白川)에 있는 사이쇼시텐노인(最勝四天王院)의 장지문에 각자의 명소가 그려져 있는 것들 중에서 요시노산의 벚꽃 그림을 소재로 읊은 작품이다. 그 그림은 현존하지 않지만 이 노래를 통해 유추해 볼 때 상당히 화려한 그림이었던 것으로 보인다. 폭풍우에 색깔이 있을 수는 없지만 바람과 함께 떨어지는 벚꽃 잎이 무수히 떨어지는 것을 'あらしも白き(폭풍우도 하얗다)'라고 시각적으로 표현하고 있다는 점이 이 노래의 매력이다. 아직도 완전히 밝아 오지 않은 새벽녘의 어스름한 빛을 읊은 것도 봄이 지닌 몽환적 분위기를 잘 나타내고 있다.

み吉野(よしの)の
高嶺(たかね)の桜(さくら)
散(ち)りにけり
あらしも白(しろ)き
春(はる)のあけぼの

고토바인(後鳥羽院)
1180년-1239년. 일본의 제82대 왕으로 정치적으로는 파란만장한 일생을 살았지만 와카에 대한 애정은 누구보다도 강했던 가인이다. 그는 다양한 와카 모임을 주최하면서 많은 가인들을 발굴하였다. 특히 여덟 번째 칙찬와카집인 『신코킨와카슈』를 만들도록 명령을 내린 사람이다. 그의 작품은 우아하고 아름다우며 기품 있는 작품이면서 색채감도 뛰어나다. 노후에 정치적인 음모로 오키섬(隱岐島)에 유배당하게 되는데, 그곳에서도 와카 연구에 몰두했다고 전해질 만큼 와카를 소중히 여겼던 사람이다.

〈소기(宗祇)〉

잔설 있으나 산기슭에 안개 낀 석양이로다(소초)
雪(ゆき)ながら山(やま)もとかすむ夕(ゆふ)べかな(宗祇)

아득히 물 흐르고 매향(梅香) 감도는 마을(쇼하쿠)
行(ゆ)く水(みづ)とほく梅(うめ)にほふ里(さと)(肖柏)

강바람으로 버드나무 사이에 봄이 보이고(소초)
川(かわ)かぜに一(ひと)むら柳(やなぎ)春見(はるみ)えて(宗長)

배 젓는 소리 또한 선명한 새벽 무렵(소기)
舟(ふね)さすおとはしるきあけがた(宗祇)

달빛은 아직 안개 낀 밤 저편에 남아 있겠지(쇼하쿠)
月(つき)や猶(なお)霧(きり)わたる夜(よ)にのこるらん(肖柏)

서리 내린 들판에 가을은 깊어가네(소초)
霜(しも)おく野(の)はら秋(あき)はくれけり(宗長)

울어재치는 벌레 마음과 달리 풀은 마르고(소기)
なく虫(むし)の心(こころ)ともなく草(くさ)かれて(宗祇)

찾아온 담장 너머 황량한 길만 보이네(쇼하쿠)
垣(かき)ねをとへばあらはなる道(みち)(肖柏)

위의 작품들은 소기(宗祇, 1421-1502)라는 렌가(連歌) 지도자가 자신이 아끼던 제자 소초(宗長, 1448-1532), 쇼하쿠(肖柏, 1443-1527)와 함께 엮은 『미나세산긴햐쿠인(水無瀨三吟百韻)』이라는 렌가 작품집의 처음 8구를 소개한 것이다.

렌가(連歌)라는 문학은 그 문예성이 지닌 가치도 높이 평가할 만하지만 렌가의 제일 처음 구인 권두구, 즉 홋쿠(発句)는 독립된 형태로 그 시가 읊어진 시간과 장소와 배경 등을 반드시 읊게 되어 있는데, 이것이 나중에 하이카이(俳諧)로 발전되는 계기를 만들어 준다. 우리가 잘 알고 있는 일본의 대표적인 시의 형태로 5,7,5 즉 17자로 된 하이쿠(俳句)라는 문학이 있는데, 이 하이쿠라는 말은 하이카이(俳諧)의 홋쿠(発句)의 줄인 말에서 유래된 것이다. 하이쿠에는 계절을 암시하는 계절어(季語)와 구를 끊어 주는 기레지(切字)가 필수적인데, 이것도 렌가의 홋쿠(発句)에서는 이미 지켜지고 있음을 알 수 있다.

소기 시대에 완성된 렌가는 그 후에 렌가를 읊는 규칙을 일컫는 시키모쿠(式目)가 더욱 복잡해져 일반 민중들이 읊기에는 너무 어려워져서 정통 렌가는 쇠퇴의 길로 접어들게 된다. 즉 시키모쿠에 구애받지 않는 하이카이렌가(俳諧連歌)가 유행하게 된 것이다.

현재도 일부 동호인들에 의해 렌가회를 열기도 하는데, 재미있는 것은 인터넷의 보급과 더불어 온라인상으로 렌가회가 가능하게 된 것이다. 이를 Web 렌가라고 하는데, 이를 위해 렌가의 시키모쿠에 관한 것 등을 동호회의 차원에서 자세히 소개해 놓은 사이트들도 있다.

소기(宗祇)

1421년-1502년. 무로마치 시대의 렌가(連歌) 작가로 30세 무렵부터 렌가에 뜻을 두었다고 한다. 선배인 신케이(心敬) 등에게 렌가를 배우는 한편 아스카이케(飛鳥井家)라는 가인에게 와카를 배웠다. 도노 쓰네요리(東常緣)에게서 고킨와카슈의 어구해석에 대한 비법 등을 전수받아 고전 와카 연구에도 뛰어난 인물이다. 이러한 와카의 전통 속에서 렌가의 질을 와카 수준까지 끌어 올리기 위해 우심렌가(有心連歌)를 대성시키기도 했다. 제자 소초(宗長), 쇼하쿠(肖柏)와 함께 만든 『미나세산긴햐쿠인(水無瀨三吟百韻)』은 후세 렌가 작가들로부터 렌가의 모범적인 모델로 여겨졌다. 또한 준칙찬집인 『신센 쓰쿠바슈(新撰菟玖波集)』를 편찬했다.

〈마쓰모토 데이토쿠(松本貞德)〉

봄 안개 조차
듬성듬성 피누나
호랑이 해에

호랑이해를 맞이해서 그런지 봄날 피어오르는 봄 안개도 여기 저기 조금씩 듬성듬성 피어오르고 있다. 봄이 왔음을 기뻐하며 읊은 작품인데, 봄 안개의 이는 모습이 호랑이의 얼룩무늬처럼 듬성듬성 피어오른다고 표현하고 있다. 봄 안개를 호랑이의 얼룩무늬로 비유하는 식의 단순하면서도 소박한 웃음, 즉 해학을 읊은 시로서 하이카이의 홋쿠다운 면모를 잘 보여 준다. 물론 봄을 상징하는 계절어(季語)인 '가스미(霞)'와 중간을 끊어주는 기레지(切字)를 사용함으로써 하이쿠(俳句)로서의 완벽한 형태를 지니고 있음을 알 수 있다.

霞(かすみ)さへ
まだらにたつや
とらの年(とし)

모든 이들이
낮잠을 자는 것은
가을 달 때문

아름답게 비치는 가을 달을 구경하느라 그만 밤이 깊어 가는 것도 잊어버리고 늦게까지 가을 정취를 감상한 나머지 다음 날에는 많은 사람들이 낮에 낮잠을 자게 된다는 내용이다. 매우 단조로우면서도 유머러스한 작품이지만, 가을 달이라고 하는 풍류적인 소재를 낮잠의 원인으로 읊음으로써 감상하는 사람들에게 심리적 낙차를 불러 일으켜 웃음을 자아내게 하고 있다.
진지한 소재를 이용해서, 그것과는 정반대의 그 누구도 생각하지 못한 것을 대비시켜서 독자들에게 감탄과 웃음을 선사해 주는데, 마쓰모토 데이토쿠(松本貞德)가 주도했던 데이몬(貞門)파의 하이카이에서는 이러한 고전적인 소재나 전통 등을 패러디하는 수법이 자주 등장한다.

皆人(みなびと)の
昼寝(ひるね)の種(たね)や
秋(あき)の月(つき)

마쓰모토 데이토쿠(松本貞徳)
1571년-1653년. 에도시대의 하이카이 작가이다. 국학자로 유명한 호소카와 유사이(細川幽斎) 등에게 고전과 와카, 렌가 등을 배웠다. 데이토쿠는 만년에 하이카이에 주력하면서 많은 제자들을 거느렸다. 이 일파를 데이몬(貞門)이라고 부른다. 하이카이는 와카, 렌가와는 달라서 하이카이만의 독특한 표현들을 사용해야 한다고 주장하며 속어 등을 많이 사용했다. 데이토쿠의 하이카이는 언어유희 수준에서 벗어나지 못했지만 하이카이의 작품 세계의 독창성을 강조했다는 점은 높이 평가할 만하다.

〈마쓰오 바쇼(松尾芭蕉)〉

객사할 각오
산바람이 스미는
내 신세여라

'노자라시(野ざらし)'라는 표현은, 들판에 버려진 해골이라는 뜻으로, 결국 사람이 죽어서 풍화된 두개골을 지칭하는 말이다.
여행길에서 길가에 쓰러져 객사를 당할 각오로 여행을 떠났기에 차가운 가을바람은 한층 더 뼈에 스며드는 느낌이 든다는 내용이다. 일본 문학에서 마쓰오 바쇼(松尾芭蕉)를 '나그네 하이진(旅の俳人)'이라고 부르는 이유는 목숨을 각오하고 전국을 떠돌면서 자연 속에서 인간의 도리를 깨닫고 그것을 하이카이(俳諧) 작품으로 읊어내는 작자의 혼이 그의 작품 속에 잘 나타나고 있기 때문이다.

野(の)ざらしを
心(こころ)に風(かぜ)の
しむ身(み)かな

자세히 보니
냉이 꽃 피어있는
울타리로다

울타리 아래에 냉이 꽃이 하얗게 피어있는 것을 본 작자는 거기에서 생명의 신비함을 확인하고 새삼 감동했던 것이다. 하잘 것 없는 작은 풀꽃 하나도 봄이 되면 싹이 트고 잎도 나오고 화려하지는 않지만 꽃을 피우고 열매를 맺는다. 자연에는 모두 각기 그 나름대로의 충실한 삶이 있다는 것을 깨닫게 해주는 작품이라 하겠다.

よくみれば
薺(なずな)花咲(はなさ)く
垣根(かきね)かな

오래 된 연못
개구리 뛰어 드는
물소리 퐁당

따뜻한 봄날 오후, 산 속 오래된 연못에 개구리가 퐁당하고 소리를 내며 뛰어 들자, 순간 주위를 감싸던 정적이 깨어진다. 그러나 머지않아 다시 정적이 찾아든다. 아무런 꾸밈이 없는 표현이지만, 나른한 봄의 계절감과 한적함, 그리고 고담한 정취가 담겨져 있다.

또한, 개구리 울음소리는 와카에서 빈번하게 읊어지는 소재이지만, 이 작은 작품에서는 개구리를 읊으면서도 울음소리가 아닌 물에 뛰어드는 소리에 주목한 점이 매우 신선하다. 전통적인 서정의 세계에서 벗어나, 개구리가 퐁당하고 물로 뛰어드는 소리를 소재로 삼은 것은 하이카이 문학의 새로운 발견이라 할 수 있다. 바꾸어 말하면 오래된 연못을 그저 오래된 한적한 연못으로 표현하는 것이 아니라, 그러한 전통적인 이미지의 연못에 개구리가 뛰어드는 소리를 배치함으로써 하이카이다운 정취를 완성해 낸 것이다. '오래된 연못'과 '개구리 뛰어 드는 물소리'가 미묘한 조화를 이루면서 한층 깊이를 더해 준다.

古池(ふるいけ)や
蛙飛(かわずと)び込(こ)む
水(みず)の音(おと)

명월이로다
연못을 산책하며
밤이 새도록

이 작품은 밤새도록 연못가를 배회하면서 달구경을 하고 있다는 내용으로 그다지 매력적인 작품은 아니다. 하지만, 달구경이라고 해서 그저 달만 바라보는 것이 아니라, 달을 보고 사색에 잠기고, 사색에 잠겨 있다가 다시 달구경하는 식으로 달을 감상하고 있다. 작자가 밤새도록 연못 주위를 걷다 서다 하면서 인생과 하이카이, 고향, 친구, 자신의 미래 등에 대하여 두루 생각하면서 점차 풍류의 세계에 빠져드는 장면을 떠올릴 수 있다.

名月(めいげつ)や
池(いけ)をめぐりて
夜(よ)もすがら

가는 봄이여

새 울며 물고기의

눈에는 눈물

나른하면서도 희망찬 봄날이 지나고 더운 여름이 온다고 생각하면 가는 봄이 아쉽게 느끼지는 것이 당연할 것이다. 그러나 이런 아쉬움은 인간에게 국한된 것이 아니고 식물이나 동물 등의 자연물로 마찬가지일 것이다. 무심해 보이는 작은 새들이나 물고기들에 있어서도 봄이 저물어 가는 것은 아쉬운 법이다. 그런데 이런 늦은 봄날 지인들과 헤어져 다시 여행길에 오르는 작자의 심경도 아쉬우면서 슬펐을 것이다. 이런 작자의 심경과 마찬가지로 지인들과 새들이 아쉬워 울고, 물고기들도 아쉬움의 눈물을 흘린다.

行(ゆ)く春(はる)や
鳥啼(とりな)き魚(うお)の
眼(め)は涙(なみだ)

마쓰오 바쇼(松尾芭蕉)
1644년-1694년. 에도 전기 하이카이 작가로 전 시대를 통틀어 일본을 대표하는 하이쿠 시인이다. 바쇼는 이가우에노(伊賀上野)의 도도(藤堂) 가문에 종사하는 하급 무사였다. 주군의 사후 교토에서 기타무라 기긴(北村季吟)으로부터 데이몬(貞門) 하이카이를 배웠다. 훗날 에도에서 단린(談林) 파의 영향을 받았다. 그 후 하이카이 사범이 되어 직업적인 하이카이 작가가 되었다. 자연과 일체가 되는 경지를 추구하여 '와비', '사비', '시오리' 라는 하이카이 이념을 세워, 고아한 시풍을 확립하였다. 자연과 여행을 사랑한 바쇼는 『오쿠노 호소미치(奥野の細道)』 등의 기행문을 남겼다.

〈요사노 부손(与謝蕪村)〉

봄 바다 물결
온종일 너울너울
한가롭도다

봄 바다를 보면 겨울 바다와 달리 조용하면서도 평화로운 느낌이 든다. 하늘거리는 아지랑이 사이로 넓은 바다와 수평선과 맞닿은 하늘이 펼쳐져 있다. 파란 바닷물을 헤치고 얕은 파도가 하루 종일 한가로이 넘실대는 풍경을 읊은 회화적인 작품이다. '노타리노타리(のたりのたり)'라는 의태어를 하이쿠에 담아 한가롭고 느긋한 분위기를 표현했다는 점이 신선하게 느껴진다.

春(はる)の海(うみ)
終日(ひねもす)のたり
のたりかな

유채꽃이여
달님은 동쪽에서
해는 서쪽에

노란 유채꽃 밭이 펼쳐지고 있는 넓은 평야에 해가 저물기 시작했다. 자연의 섭리대로 평야의 동쪽에는 이른 달님이 떠올랐고, 이와 동시에 봄날 늦은 해님이 서쪽으로 저물어 가고 있다. 노란 유채꽃에 드리운 저녁노을과 하늘에는 우주의 지배자인 해와 달이 동시에 떠있는 묘한 풍경에 절로 감탄이 터져 나올 수밖에 없었을 것이다. 이 작품을 읽는 사람이라면 누구나가 그림으로 그려낼 수 있는 회화적인 작품이다.

菜(な)の花(はな)や
月(つき)は東(ひがし)に
日(ひ)は西(にし)に

여름 냇물을
건너는 기쁨이여
손엔 조리신

아무리 둘러보아도 냇가에는 다리도 없고 건널 디딤돌도 없다. '에라 모르겠다'하고 옷자락을 걷어 올리고 맨발로 시냇물을 건너기로 했다. 신고 있던 조리(草履: 일본식 짚신을 일컫는 말)신을 벗어서 양손에 걸치고 첨벙대며 물을 건너는 기분이 너무나도 시원하고 상쾌하다는 느낌을 잘 나타내 주는 작품이다.

夏川(なつかわ)を
越(こ)すうれしさよ
手(て)に草履(ぞうり)

긴 장맛비여
큰 강을 앞에 두고
집이 두어 채

계속 내린 장맛비에 갑자기 강물이 불어나 탁류가 소용돌이치며 대단한 위세로 흘러가고 있다. 금방이라도 넘칠 듯한 강 언저리에 보잘것없는 초라한 집이 두 채 서 있다. 보는 사람들이 불안해서 견딜 수 없는 그런 풍경인데 과연 저런 집에 사는 사람들은 어떤 심경으로 이 장마를 맞이하고 있을까? 이 작품 역시 장면을 그림으로 그려낼 수 있을 것 같은 작품이다.

さみだれや
大河(たいが)を前(まえ)に
家二軒(いえにけん)

나도 죽어서
바쇼 옆에 묻히리
마른 억새풀

앞에서 소개한 바 있는 마쓰오 바쇼(松尾芭蕉)는 일본 하이카이(俳諧)의 대가로 일컬어지는 인물이다. 이 작품의 작자 부손(蕪村)도 하이쿠의 세계에서는 큰 인물이지만 늘 바쇼를 존경해 왔다. 초겨울 추운 날에 바쇼가 은둔했던 바쇼암(芭蕉庵)을 찾아가 보니 마른 억새풀로 암자가 덮여 있었다. 작자도 언젠가는 죽게 될 텐데 죽으면 평소 자신이 숭배하던 바쇼의 옆에 묻혀 비석을 나란히 하고 싶다는 간절한 바람을 표현하고 있다. 차가운 겨울바람을 맞으며 비장한 각오로 서 있는 작가의 모습을 연상해 볼 때 쓸쓸함과 비장함의 절정을 느낄 수 있다.

我(われ)も死(し)して
碑(ひ)に辺(ほとり)せむ
枯尾花(かれおばな)

요사노 부손(与謝蕪村)
1716년-1783년. 에도 중기의 하이카이 작가이며 오사카 출신이나 에도로 나와서 하이카이를 배웠다. 기카쿠(基角)의 제자이다. 야한테이 소아(夜半亭宋阿)에게 입문하여 하이카이에 뜻을 세웠다. 소아(宋阿)의 사후에 관동, 동북 지방을 여행하며 화가, 하이카이 사범으로서의 기초를 닦았다. 단가이기(炭太祇) 등과 '산카샤(三菓社)'를 결성하였다. 예술적 순수성을 추구하였고 속어를 사용하여 작품을 짓기를 목표로 삼았다. 객관적인 묘사 속에 감각적인 아름다움을 융화시킨 시의 경지를 표현한 것으로 고전적 취향이 풍부하다. 고전에도 조예가 깊었으며 남종화 화풍의 산수화를 많이 남겼다. 그의 하이카이는 회화적, 낭만적이다. 작품으로는 『부손구집(蕪村句集)』, 『부손시치부슈(蕪村七部集)』에 수록되어 있다.

〈고바야시 잇사(小林一茶)〉

매미 우누나
온 집안 바위라도
되라는 듯이

아침부터 밤까지 매미가 맴맴 하며 성가실 정도로 계속 운다. 이것이 집 근처 나무 끝에서라도 울어대는 날에는 그 소음 때문에 정신이 어떻게 될 것 같다. 이대로 가면 자신을 포함하여 집 전체가 매미의 소음 공해로 굳어 바위라도 되어 버릴 것 같다는 표현이 익살스럽고 재미있다. 마쓰오 바쇼의 유명한 구인 '閑かさや岩にしみ入る蟬の声(한적함이여 바위에 스며드는 매미 울음소리)'라는 작품을 떠올리게 해주는데, 이 구 또한 작자 나름대로의 개성을 잘 나타내 주는 작품이다.

蝉(せみ)なくや
わが家(や)も石(いし)に
なるやうに

대자로 누워
자보니 서늘하고
적막하구려

작자 고바야시 잇사는 매우 불우한 가정에서 태어났다. 아버지가 돌아가신 이후에 오랜 기간 동안 계모와 유산 싸움을 하다가 결국 아버지가 남겨준 집을 둘로 쪼개어 집을 가지게 되었다. 그러다 보니 결혼이 늦어져 52세가 되어서 아내를 맞이하게 되었다. 이 작품은 독신 생활 때의 한가로우면서도 외로운 심경을 토로하고 있다. 아무 염려꺼리 없이 큰 대자로 누워 더위를 피하고 있자니 등줄기에서부터 서늘함이 전해 옴과 동시에 외로움 또한 기어 올라온다는 뜻이다. '서늘함(涼しさよ)'과 '적막함(寂しさよ)'를 나란히 나열하여 복잡한 심정을 짧게 잘 표현하고 있으며, '~여(~よ)'를 각운으로 사용함으로써 마지막 구의 '적막함(寂しさよ)'의 감정이 이 구 전체로 퍼져 가며 쓸쓸함이 전해져 온다.

大(だい)の字(じ)に
寝(ね)て涼(すず)しさよ
寂(さび)しさよ

산골마을은
된장국 속에까지
밝은 달 떴네

맑은 가을 밤 하늘에 휘영청 밝은 보름달이 떴다. 달은 온누리를 비추기 때문에 어디서나 볼 수 있다. 특히 산 속 깊은 곳에 있는 산골 마을에서는 그 모습이 더욱 선명하고 밝을 것이다. 달을 감상하다가 우연히 먹고 있던 된장국을 보니 된장국 그릇에도 휘영청 밝은 보름달이 떠 있는 것이 아닌가? 너무 놀라 하늘을 보니 하늘에도 여전히 밝은 둥근 달이 떠 있다. 참으로 재미있는 발상의 하이쿠이다.

山里(やまざと)は
汁(しる)の中(なか)まで
名月(めいげつ)ぞ

가을밤이여
장지문의 구멍이
피리를 부네

길고 긴 늦가을 밤에 홀로 사색에 빠져 있다가 문득 정신을 차리고 보니 어디선가 피리 소리 같은 것이 들려온다. 어디서 나는 소리인가 하고 가만히 보니 장지문 사이에 뚫린 구멍 사이로 바람이 새어 나오는 소리였다. 문틈 사이로 들어오는 바람 소리를 피리 소리로 표현한 점이 하이쿠다운 표현이라 할 수 있다.

秋(あき)の夜(よ)や
障子(しょうじ)の穴(あな)の
笛(ふえ)をふく

눈이 녹아서
온 마을에 넘치는
어린아이들

겨울 내내 눈이 많이 내려 집에만 갇혀있던 아이들이 눈이 녹기 시작하자 일제히 바깥에 나와 놀고 있다. '우리 마을에 아이들이 이렇게 많았던가' 할 정도로 마을을 가득 메운 것 같은 느낌이 싫지 않다. 이제 곧 따뜻한 봄이 올 것을 생각하니 마음마저 훈훈해 진다. 비록 가난하고 초라한 집에 살지언정 아무런 걱정 근심 없이 마음껏 뛰어노는 아이들의 모습이 부럽기만 하다.

雪(ゆき)とけて
村(むら)いっぱいの
子(こ)どもかな

고바야시 잇사(小林一茶)
1763년-1827년. 에도 후기 하이카이 작가. 가정적으로 불우하여 일찍이 에도에 나가 고용살이를 하였다. 만년에는 고향 신슈(信州)로 돌아가 여생을 보냈다. 가쓰시카(葛飾)파의 하이카이 작자인 치쿠아(竹阿) 문하에 들어가 스승의 사후 스승의 뒤를 이어 사범이 되었다. 잇사의 작품에는 역경의 체험에서 생겨난 그의 독특한 주관이 나타나 있으며, 하이카이의 소재 또한 특이한 것이 많다. 속어를 사용하여 생활 감정을 솔직하게 읊었으며 인간미 넘치는 작품을 많이 남겼다. 이는 생활파 하이카이 작가로 높이 평가되고 있다. 『잇사홋쿠슈(一茶發句集)』, 『오라가하루(おらが春)』 등이 있다.

〈마사오카 시키(正岡子規)〉

감을 먹자니
때마침 울리누나
호류지의 종

柿(かき)くへば
鐘(かね)が鳴(な)るなり
法隆寺(ほうりゅうじ)

위의 작품은 1895년 작자가 마쓰야마를 출발해서 오사카와 나라현(奈良県)을 여행하고 돌아 와 지은 하이쿠이다. 하이쿠는 계절을 상징하는 계절어(季語)가 필수적인데 여기서는 '감(柿)'이 계절어이며 가을을 나타낸다. 기레지(切字)는 '～なり(～구나)'이다.

이 하이쿠 앞에는 '法隆寺の茶店に憩ひて(호류지에 있는 찻집에서 휴식하며)'라는 설명이 붙어 있고, 이 노래가 유명해 진 다음에 호류지 경내에 이 시의 시비가 세워져 있다. 호류지는 나라현에 있는 고찰로 현존하는 세계에서 가장 오래된 목조건축물 중의 하나이다. 호류지 금당은 우리나라의 고구려시대의 화가 담징이 그렸다는 금당벽화가 있는 것으로도 유명한데, 아쉽게도 벽화는 불에 타 볼 수 없다. 이 호류지 주변은 야마토지방의 특산물인 고쇼감(御所柿)의 산지로 유명한데, 작자도 이 감을 매우 좋아해서 즐겨 먹었다고 전해진다. 고쇼감은 열매가 납작하고 세로로 줄이 네 개 있으며 씨가 적고 맛이 달다. 하이쿠의 내용은 절 입구에 있는 찻집에서 자신이 좋아하는 감을 먹고 있는데, 때마침 호류지의 종소리가 들려 와서 그 소리를 통해 가을의 여운을 느낄 수 있었다는 내용이다.

이 작품은 작자가 남긴 20만 수 이상의 하이쿠 작품 중에서도 제일 유명한 하이쿠로 일본인이라면 누구나 알고 있는 작품이다. 앞에서 소개한 바 있는 마쓰오 바쇼(松尾芭蕉)의 '오래 된 연못 개구리 뛰어 드는 물소리 퐁당(古池や蛙飛び込む水の音)'와 더불어 일본인들의 국민 하이쿠로 칭해질 정도로 유명하다.

마사오카 시키(正岡子規)

1867년-1902년. 하이쿠, 단가, 신체시, 소설, 수필 등의 다방면에서 활약한 문인이다. 일본 근대문학에 지대한 영향을 미친 메이지 시대를 대표하는 작가이다. 『닷사이쇼오쿠하이와(獺祭書屋俳話)』를 통해 종래의 하이쿠를 비판하며 사생을 중시한 하이쿠 혁신운동을 진행시켰다. 시키 문하에 모여든 하이쿠 작가의 작품을 신문 '니혼(日本)'에 싣고 니혼파를 일으켰다. 하이쿠 잡지인 『호토토기스(ホトトギス)』를 창간하였다. 단가, 하이쿠의 개혁운동을 성취한 마사오카 시키는 현대 단시 문학의 사실상의 개혁자로 높이 평가된다. 또한 『시인에게 주는 글(歌よみに與ふる書)』을 신문 '니혼(日本)'에 발표하여 단가 혁신에 착수한다. 하이쿠, 단가의 혁신과 아울러 문장 혁신운동을 일으키고, 사생문을 제창하여, 스스로도 자신의 작품 활동에 시도하였다.

〈시마자키 도손(島崎藤村)〉

용솟음쳐 흐르는
수많은 파도
거기에 넘실대는
바다 거문고

그 가락도 깊도다
많은 강들의
수많은 파도들을
다 불러 모아

만조 때가 이르면
활기 넘치게
멀리서 들려오는
새봄의 파도소리

わきてながるる
やほじほの
そこにいざよふ
海(うみ)の琴(こと)

しらべもふかし
ももかはの
よろづのなみを
よびあつめ

ときみちくれば

うららかに
とほくきこゆる
はるのしほのね

이 작품은 일본 최초의 자유시의 시집이라고 일컬어지는 『새싹집(若菜集)』에 실려 있는 작품으로, 시마자키 도손의 대표적인 시의 하나이다. 시의 리듬을 보면 7,5,7,5,7,5,7,5,7,5, 7,5,7,7,7 로 되어 있는데 왠지 리듬이 낯설지 않게 여겨질 것이다. 그 이유는 일본 전통시의 리듬 중, 5,7,5,7... 로 이어지다가 마지막에 5,7,7 로 마무리하는 장가(長歌)의 리듬에, 앞에 7음을 덧붙인 것이기 때문이다. 일본 전통의 정형시인 장가의 리듬과 아주 유사하면서도 제일 첫 구에 7음을 삽입하는 시의 형태는 이 작품이 처음인 셈이다. 시마자키 도손의 획기적인 발상이 바로 자유시의 표상으로 인식된 것이다. 자유시이기 때문에 운율이나 표현 등이 자유로울 것 같은데 전통 시의 리듬을 살리면서 그 속에서 근대적인 새로우면서도 자유로운 형식을 가져왔다는 점이 이 작품의 가치라고 할 수 있다.
내용은 왕성하게 움직이는 바다의 밀물과 썰물, 그 바다 깊숙한 곳에 거문고 한 개가 떠돌고 있다. 많은 강들로부터 물이 흘러들고, 조수는 점점 불어나서 만조시기가 다 되었다. 바야흐로 바다의 거문고는 저절로 절묘한 가락을 연주하며, 멀리까지 명랑한 파도 소리를 보내어 봄이 왔음을 알린다. 풍부하고 유동적인 해류의 일관된 이미지에, 섬세하며 고상하고 멋스러운 거문고의 이미지가 겹쳐져 위화감을 일으킬 듯한 내용이 조화를 이루며 혼연일체의 밀물로 연결되고 있다. 밀물은 봄의 도래에 대한 기쁨을 나타내고 있다.

시마자키 도손(島崎藤村)
1872년-1943년. 시인이며 소설가. 낭만주의와 자연주의 문학에 동참했다. 일본 자연주의 문학의 개척자라고 일컬어진다. 잡지 『문학계(文學界)』를 통하여 낭만파 시인으로 출발한 시마자키 도손은 『치쿠마 강 스케치(千曲川のスケッチ)』 등의 산문을 쓰게 되었다. 근대의 정열을 노래한 서정시집 『새싹집(若菜集)』은 일본 근대시의 출발을 알리는 기념비이다. 1906년에 『파계(破戒)』를 발표하면서 소설가로 전환하였다. 『파계(破戒)』는 일본 자연주의 문학의 기념비적인 소설로 일컬어진다. 『봄(春)』이라는 소설에서 자기고백적인 내용을 실었고, 만년에 집필한 『동트기 전夜明け前)』은 그의 아버지를 모델로 한 역사소설로서 격동의 시대를 살았던 지식인의 고뇌를 그려냈다.

〈우에다 빈(上田敏)〉

산 너머 저 산 너머 하늘 저 멀리
'행복'이 산다고들 남이 말하네.
아아 나도 남들과 찾아 갔다가,
눈물을 흘리면서 돌아왔다네.
산 너머 저 산 너머 더 멀리 가면
'행복'이 산다고들 남이 말하네.

山(やま)のあなたの空遠(そらとほ)く
「幸(さいはひ)」住(す)むと人(ひと)のいふ。
噫(ああ)われひとと尋(と)めゆきて、
涙(なにだ)さしぐみ、かへりきぬ。
山(やま)のあなたになほ遠(とほ)く
「幸(さいはひ)」住(す)むと人(ひと)のいふ。

위의 시는 독일 시인 칼 붓세(Karl Busse: 1872-1918)의 시 'Ueber den Bergen(산 너머 저 편)'을 우에다 빈이라는 일본 번역가가 번역한 작품이다. 우에다 빈은 근대 초기에 서양의 시를 일본어로 번역하여 소개한 사람으로, 번역이 너무 좋아 오리지널 시보다 좋다는 평가를 받을 정도로 번역에 뛰어난 사람이다. 그 이유는 우에다 빈의 번역이 일본의 전통 시가문학의 리듬인 7,5조나 5,7조를 구사하여 번역을 했기 때문이다. 위의 시도 잘 보면 7,5 조의 리듬을 살려 번역하고 있음을 알 수 있다. 특히, 번역할 때 한자어를 의식적으로 피하여 순수한 일본어만을 사용하여 원시 이상의 감미로운 서정성을 부여하고 있다.
위의 번역시가 오늘날까지 오랫동안 그리고 널리 애송되어 온 이유도, 행복에 배반당하면서 행복을 추구하지 않을 수 없다고 하는 내용의 보편성과, 물 흐르는 듯한 음률의 아름다움에 있다. 그 때문에 많은 일본인들은 청춘의 한 시기에 이 시를 한 번쯤은 흥얼거리며 왠지 모를 동경을 품게 되는 것이다.
그런데, 재미있는 것은 「산 너머 저편」이 일본인들에게 매우 친숙한 작품임에도 불구하고, 정작 독일에서는 이 시의 원작도 원작자도 그렇게 알려져 있지 않다는 점이다. 원작자 칼 붓세는 1892년 『산 넘어 저편』이 수록되어 있는 시집으로 인정을 받아서, 평이하면서도 소박한 시풍을 특색으로 하는 민요시인이다. 그러나, 독일에서는 특별히 뛰어난 시인으로 여겨지고 있지 않을 정도의 시인에 불과하다. 요컨대 우에다 빈이 자신의 번역 시집인 『해조음(海潮音)』의 이 번역시가 원작의 문학적 가치를 뛰어넘는 희귀한 예의 하나인 셈이다.

우에다 빈(上田敏)
1874년-1916년. 시인, 평론가, 영문학자이다. 『문학계(文学界)』동인으로 참가했다. 동경대학 재학시, 『제국문학(帝国文学)』 창간에 동참하여 프랑스의 상징시를 소개했다. 일본 근대 초기에 『명성(明星)』, 『예문(芸文)』, 『예원(芸苑)』 등의 잡지에 서양문학의 번역과 예술의 모든 분야에 걸친 평론을 발표했다. 평소 친분이 있던 모리 오가이(森鴎外)와 함께 탐미주의적인 사조를 이끌었다. 특히 프랑스의 상징시의 번역을 엮은 『해조음(海潮音)』은 당시 시단에 큰 영향력을 발휘했다.

〈이시카와 다쿠보쿠(石川啄木)〉

동쪽 바다의
작은 섬 모래사장
하얀 모래에
나는 눈물에 젖어
게와 놀고 있도다

東海の
小島の礒の
白砂に
われ泣きぬれて
蟹とたわむる

하코다테(函館)의 오모리해변(大森浜)이 작품의 배경이 되는 노래이다. 다쿠보쿠가 홋카이도에서 도쿄로 올라가서 1908년 6월에 지은 것이다. 전날 밤부터 120수 정도의 단가를 지은 타쿠보쿠는, 밤중에 혼자 산책하러 집을 나선다. 그때 아는 사람으로부터 구니키다돗포(国木田独歩)가 세상을 떠났다는 소식을 듣고 큰 충격을 받는다. 그로부터 4년 후 다쿠보쿠도 세상을 떠나게 되는데, 하코다테에 있는 다쿠보쿠의 묘비에 쓰여 있는 노래이기도 하다.

모래 언덕의
모래에 엎드려서
내 첫사랑의
상처를 아련하게
떠올리는 날이여

砂山の
砂に腹這い
初恋の
いたみを遠く
おもい出ずる日

24세 무렵, 도쿄에서 지어진 단가이다. 다쿠보쿠의 첫사랑 상대는, 나중에 부인이 되는 호리아이 세쓰코(堀合節子)이다. 두 사람이 주위의 반대를 무릅쓰고 결혼하는 것은 1905년 5월의 일로 6월에 모리오카에 마련한 신혼집으로 이사한다. 그리고, 2년 후 다쿠보쿠는 홋카이도에 건너가서 가족도 불러서 지낸다. 딸 교코(京子)가 태어나서 행복한 한 때를 지내는 가운데, 다쿠보쿠는 부인과의 만남을 뒤돌아보는 여유도 생기는 것이다.

하늘거리며
버들잎이 푸르른
기타카미 강
그 풍경이 보인다
눈물 흘리라는 듯

やはらかに
柳あをめる
北上の
岸辺目に見ゆ
泣けとごとくに

고향 생각을 노래한 대표적 단가이다. 고향을 떠나서 1년 후, 다쿠보쿠는 도쿄 생활을 시작한다. 그런 다쿠보쿠를 고향에서 아는 사람이 찾아오는 일도 있고, 그는 고향 이야기에 열심히 귀를 기울인다. 고향 시부타미촌, 현재의 다마야마촌(玉山村)을 기타카미강(北上川)이 북쪽에서 남쪽으로 흐르고 있다. 마을의 북쪽 변두리에서는 이와테산(岩手山)과 히메카미산(姫神山)을 볼 수가 있고, 강변에는 수양버들이 빽빽하게 자라고 있었다. 이러한 풍경을 몇 번이고 머리에 떠올리고는 눈물이 나는 것이다.

고향 사투리
몹시도 그립구나
기차 정거장
붐비는 인파 속에
그걸 들으러 간다

ふるさとの
訛りなつかし
停車場の
人ごみの中に
そを聴きにゆく

정거장이라고 하는 것은, 당시 도호쿠본선(東北本線)의 출발역으로, 고향으로 가는 관문인 우에노역(上野駅)을 가리키고 있다. 다쿠보쿠가 고향을 떠나서 3년이 지난 때인 24세 무렵, 도쿄에 있으며 몇 번이고 고향 생각을 한다. 사계절의 화초나 향기, 벌레 소리, 여름철의 반딧불이 잡기, 그리고 고향 사람들을 떠올리면서 눈물을 흘린다. 그는 언젠가는 반드시 고향에 돌아가, 고향을 거점으로 신문이나 잡지를 발행하여 창작활동을 하고 싶다고 희망하고 있다.

장난삼아서
등에 업은 어머니
너무 가벼워
눈물이 흐르도다
세 걸음도 못 가

たわむれに
母を背負いて
そのあまり
軽きに泣きて
三歩あゆまず

1908년 6월에 지어진 노래이다. 다쿠보쿠가 홋카이도에서 단신으로 도쿄에 올라가 2개월쯤 되는 무렵에 지어진 것이다. 이날 노래가 잇달아 머리에 떠올라서 밤 2시까지 141수의 노래를 짓는다. 이 중에서 부모에 대한 것을 노래로 읊은 것은 약 41수 있으며 울며 지었다고 일기에 적고 있다. 이 무렵 다쿠보쿠의 아버지는 아오모리현(青森県)에 있는 절에 몸을 맡기고 있고, 어머니는 하코다테에서 다쿠보쿠의 처와 함께 살고 있다. 부모와 자식이 뿔뿔이 흩어져서 생활하고 있기 때문에 더욱더 그리웠을 것이다.

일하더라도
일하더라도 더욱
나의 생활은 삶은
나아지지질 않누나
물끄러미 손을 본다

はたらけど
はたらけど猶
わが生活
樂にならざり
ぢっと手を見る

1910년 7월의 노래로 다쿠보쿠가 도쿄의 신문사에 근무하여 일년 반쯤이 지났을 무렵의 노래이다. 월급으로는 생활할 수 없어서 돈을 빌리지 않을 수 없게 된다. 이 무렵 가집을 편집하거나, 소설이나 논문 등을 쓰며 창작에 몰두하지만, 글은 잘 팔리지 않는다. 이 당시의 다쿠보쿠는, 그러한 현실의 원인에 대한 자각이 충분하지 않고, 또한 그러한 현실을 사회적 부조리로서 인식할 만한 논리를 갖고 있지 않았기 때문에, 이것을 개인의 문제로서 자기에게 환원시켜서 비탄에 빠져 "물끄러미 손을 본다"라고 노래하고 있다.

내 살던 고향
산을 향하여 보니
할 말이 없다
내 고향 산천은
고맙기만 하구나

ふるさとの
山に向かひて
言ふことなし
ふるさとの山は
ありがたきかな

1910년 8월에 지어진 노래이다. 이 작품이 가집에서 고향 시부타니를 회상하는 단가들의 마지막에 실려 있다. 다쿠보쿠에게 있어 고향의 산은, 이와테산(岩手山)과 히메카미산(姫神山)을 포함하여 그 주변에 있는 산들이다. 다쿠보쿠가 도쿄에서 지은 이 노래는, 고향의 산들을 얼마나 애타게 그리워하고 있었는 지를 말하여 주고 있다. 그리고 또한, 고향의 산들이 멀리 떨어져 있었기 때문에 더욱더 그립게 느껴졌을 것이다. 고향 산하에 대한 모든 사람의 공통적 감정을 직접적으로 딱 잘라서 노래하고 있는 데에 이 단가의 특색이 있다.

1912년 가난한 생활 속에 폐결핵에 걸려서 26세의 젊은 나이로 요절한다. 다쿠보쿠가 세상을 떠나고 2개월쯤 후, 도키 아이카의 손에 의해 출판되는 제2가집 『슬픈 장난감』도 모두 3행으로 이루어져 있는데, 『한 줌의 모래』가 출판된 이후 다쿠보쿠의 말년에는 그 자신의 병과 가난을 노래한 슬픈 노래가 많다. 또한, 한편으로 이들 작품 속에는 당시의 정치적·사회적 동향에 대한 통찰도 엿볼 수 있다. 아마 근대 단가의 역사에서 다쿠보쿠만큼 대중적으로 사랑을 받은 가인은 없을 것이다. 단가를 대중화한 공적이 매우 크다. 그의 단가가 사랑을 받은 것은, 사상적인 것을 배경으로 하면서도 관념성을 배제하고, 현실의 삶을 배경으로 삼아서 슬픔과 비애를 평이하게 노래한 것이 일본인들의 마음에 맞아떨어졌기 때문일 것이다.

이시카와 다쿠보쿠(石川啄木)

1886년-1912년. 이와테(岩手)현에서 태어나 모리오카(森岡) 중학 재학 중에 『명성(明星)』에 투고하다가 학교를 중퇴하고 상경하여 요사노 뎃칸(与謝野鉄幹)에게 인정을 받아 『신시사(新詩社)』의 동인이 된다. 1905년 낭만적 성향의 첫 시집 『동경(あこがれ)』을 발표하고 이듬해 본인의 출신 소학교의 교원이 되었으나 금방 실직하여 홋카이도로 옮겨 여러곳을 떠돌면서 기자생활을 했다. 그 후 상경하여 소설을 쓰지만 인정받지 못하다가 1910년에 가집 『한줌의 모래(一握の砂)』를 통해 실생활의 감정을 평이하게 노래하여 대중의 주목을 받기 시작하면서 이후 일본 가단에 많은 영향력을 끼치게 된다.

〈기타하라 하쿠슈(北原白秋)〉

아카시아의 금색과 붉은 색 잎이 떨어지누나.
해질 녘의 가을날 햇빛 속에 떨어지누나.
얇은 플란넬 차림에 짝사랑의 애수에 잠겨 걷는다.
'히키부네'의 물가를 지나갈 무렵에.
포근한 너의 한숨이 아카시아 잎처럼 떨어지누나.
아카시아의 금색과 붉은 색 잎이 떨어지누나.

あかしやの金と赤とがちるぞえな。
かはたれの秋の光にちるぞえな。
片恋の薄着のねるのわがうれひ。
「曳舟」の水のほとりをゆくころを。
やはらかな君が吐息のちるぞえな。
あかしやの金と赤とがちるぞえな。

위의 시는 「짝사랑(片恋)」이라는 제목의 시다.

이 시에서 아카시아는 도시적 정취, 즉 이국적 정취를 단적으로 나타내고 있다. 구미의 수목인 아카시아가 일본에 수입되어 가로수로 심어지게 된 것은 메이지시대 초기로, 당시 신인 시인들에게 도시의 아름다움을 상징하는 존재의 하나로 받아들여졌다. 그리고, 금색과 붉은 색은, 우키요그림(浮世絵)의 영향을 받은 프랑스 상징파 그림에 그려진 색채감각의 영향을 받은 것으로, 하쿠슈가 좋아하는 색채이다. '짝사랑'이라는 단어에도 근대적 애수가 담겨져 있고, 모직물 플란넬도 메이지시대 초기부터 수입된 유행을 따른 의류였다. '히키부네(曳舟)'는 도쿄 무코지마(向島) 데라지마쵸(寺島町)에 있었던 옛 지명인데, 이 지명에는 '배를 끌고 강을 내려가는', 좀더 정확히 말하면 '배가 끌려서 운하를 왕복하는' 이미지가 겹쳐져 있다.

기타하라 하쿠슈(北原白秋)

1885년-1942년. 후쿠오카(福岡)현 출신으로 일본 탐미주의를 대표하는 시인이다. 1906년에 『신시사(新詩社)』의 동인이 되어 『명성(明星)』을 무대로 활동하기도 했다. 그 후 '빵회(パンの會)'를 만들어 탐미주의 시를 읊었다. 1909년에 간행된 첫 시집 『자슈몬(邪宗門)』간행으로 일본 시단에서의 지위를 확고히 하며 남국적 정서가 강열한 감각적인 시집을 잇달아 출간했다. 시 외에도 동요집, 수필집, 하이쿠집 등 100여권의 저작활동을 했으며 1935년에는 마이니치 신문사의 취재차 우리나라를 여행하기도 했다.

〈다카무라 고타로(高村光太郎)〉

그다지도 그대는 레몬을 기다렸지
슬프고 희고 밝은 임종의 침상에서
내 손에서 받아든 레몬 하나를
그대의 고운 이가 살포시 깨물었다
토파즈 빛깔의 향기가 풍겨 오르는
그 몇 방울의 하늘나라 액즙은
갑자기 그대의 의식을 바로 잡았다
그대의 푸르른 맑은 눈이 엷게 웃는다
내 손을 잡는 그대의 손목의 건강함이여
그대의 목에 숨소리는 거칠지만
이와 같은 생명의 갈림길에서
치에코는 예전의 치에코가 되어
평생의 사랑을 한 순간에 모았다
그리고 한 때
옛날 산꼭대기에서 하던 그런 심호흡을 한 번 하고는
그대의 기관은 그만 멎어 버렸다
영정 앞에 꽂은 벚꽃송이 그늘에
서늘하게 빛나는 레몬을 오늘도 놓으리

そんなにもあなたはレモンを待つてゐた
かなしく白くあかるい死の床で
私の手からとつた一つのレモンを
あなたのきれいな歯ががりりと噛んだ
トパアズいろの香気が立つ
その数滴の天のものなるレモンの汁は
ぱつとあなたの意識を正常にした

あなたの青く澄んだ眼がかすかに笑ふ
わたしの手を握るあなたの力の健康さよ
あなたの咽喉に嵐はあるが
かういふ命の瀬戸ぎはに
智恵子はもとの智恵子となり
生涯の愛を一瞬にかたむけた
それからひと時
昔山巓でしたやうな深呼吸を一つして
あなたの機関ははそれなり止まつた
写真の前に挿した桜の花かげに
すずしく光るレモンを今日も置かう

위의 시는 작자 다카무라 고타로가 자신이 사랑하는 부인 치에코의 임종을 노래한 슬픈 노래이다. 제목은 〈레몬애가(レモン哀歌)〉이다. 치에코는 정신분열증을 앓다가 죽었다. 그러나 이 시는 슬프기는 하지만 왠지 상큼한 느낌이 든다. 죽음을 상큼하다고 표현하면 이상하지만, 이 시에서는 레몬이 잠시나마 부인을 정신분열환자가 아닌 온전한 정신 상태로 돌려 임종을 맞이하게 해줬다고 표현하고 있다. 이 시가 실려 있는 『치에코쇼(智恵子抄)』라는 시집은 작자가 부인인 치에코와의 사랑을 읊은 시집으로 일본사람들 사이에 많은 사랑을 받고 있다.

다카무라 고타로(高村光太郎)
1883년-1956년. 도쿄 출신으로 조각가로 유명한 아버지 다카무라 고운(高村光雲)의 뜻을 받들어 일찍이 조각 공부를 시작하여 도쿄미술학교 조각과에 진학한다. 재학시절 하이쿠와 단가를 짓는 등 문학에 관심을 보이다가 1900년에 『신시사(新詩社)』를 중심으로 단가를 발표했다. 졸업 후 다시 서양화과에 진학하고 미국과 유럽을 거쳐 귀국한 이후 로댕관련 책들을 번역하는 등 왕성하게 활동하던 중, 1911년에 화가 나가누마 치에코(長沼知惠子)를 만나 1924년에 결혼한다. 같은 해에 『도정(道程)』이라는 시집을 발간하여 시인으로서의 재능을 인정받고 그 후로도 문학과 미술의 양 분야에서 활약했다. 그러던 중 부인이 정신분열증으로 앓다가 사망하자 그 아내와의 사랑을 읊은 『치에코쇼(千惠子抄)』를 출판한다. 2차 대전 때에는 전쟁 찬양 시를 쓰기도 했지만 패전 뒤에는 주로 조각 활동과 평이한 자유시를 지으며 보냈다.

〈하기와라 사쿠타로(萩原朔太郎)〉

곧게 뻗은 것이 지표면에 생겨,
뾰족한 푸른 것이 지표면에 생겨,
얼어붙은 겨울을 참아내고,
그 녹색 잎이 빛나는 아침 하늘에,
눈물 떨구며,
눈물을 떨구며,
이미 참회를 관철하는 어깨 위로,
흐릿한 대나무 뿌리는 넓게 뻗고,
뾰족한 푸른 것이 지표면에 생겼네.

ますぐなるもの地面に生え、
するどき青きもの地面に生え、
凍れる冬をつらぬきて、
そのみどり葉光る朝の空路に、
なみだたれ、
なみだをたれ、
いまはや懺悔をはれる肩の上より、
けぶれる竹の根はひろごり、
するどき青きもの地面に生え。

이 시는 '대나무'라는 제목으로 단순히 대나무라고 하는 것의 외면적 대상을 읊은 작품이 아니고, 환시적(幻視的)으로 포착되어진 작자 내면의 생명 감각과 대나무가 혼연일체가 되어 있음을 읊고 있다.
감정이 이입되어 생리적 감각이 부여되어진 대나무는, 얼어붙은 겨울철의 추운 날씨 속에 곧바로 하늘을 향하여 서 있다. 얼어붙은 겨울은, 어떤 이미지를 나타내는 것도 아니고, 그저 겨울을 관념적으로 나타내고 있다. 그만큼, 겨울의 추운 날씨 속에 대조적으로 대나무는 생생하게 하나의 생명체로서 표현되어 있다. 참회를 관철하는 작자의 어깨 위로부터 흐릿한 대나무의 뿌리가 넓게 뻗어 있다는 표현은, 이미 대나무와 자신은 혼연일체의 경지에 있는 것을 나타내고 있다. 멋진 심상의 감각적 파악이다. 참회한 후의 생각이 대나무 뿌리처럼 뻗어 있다고 노래하고 있다. 그것은 대나무처럼 한결 같이 기원했던 심적 정화의 결과나 어떤 애상을 강요하는 것으로, 그것이 자기 몸을 감싸듯이 계속 아래로 뻗는다고 그리고 있다. 즉, 대나무와 자신이 혼연일체의 경지에 있다는 것을 나타내고 있다.

하기와라 사쿠타로(萩原朔太郎)
1886년-1942년. 군마(郡馬)현 출신으로 대대로 의사였던 상류가정에서 자랐다. 중학교 시절 교지에 단가를 발표한 이래 시 짓기에 매진하다가 1903년 『명성(明星)』에 투고한 적이 있고 고등학교를 중퇴한 이후 작품활동을 계속했다. 1917년에 『달에게 울부짖다(月に吠える)』라는 시집으로 생리적 관능적 비전과 고독의 감정에 의한 사상적 상징시풍을 창출해 냈으며 1923년에 『파란 고양이(青い猫)』로 권태와 허무의 독자적인 시 세계를 낳기도 했다.

〈무로 사이세이(室生犀星)〉

고향은 멀리 두고 그리워하는 것
그리고 슬프게 노래하는 것
설령
영락하여 타향에서 거지가 될지언정
돌아갈 곳이 결코 아니리
홀로 도성의 해질녘에
고향을 그리며 눈물짓는다
그러한 마음으로
머나 먼 도성으로 돌아가리라
머나 먼 도성으로 돌아가리라

ふるさとは遠きにありて思ふもの
そして悲しくうたふもの
よしや
うらぶれて異土の乞食となるとても
帰るところにあるまじや
ひとり都のゆふぐれに
ふるさとおもひ涙ぐむ
そのこころもて
遠きみやこにかへらばや
遠きみやこにかへらばや

위의 시는 『서정소곡집』에 들어 있다. 이 시집은 초기 시들을 모은 것으로 시인의 메모에 따르면 20세에서 24세 무렵까지 쓴 것으로, 그때 그때의 심경을 배경으로 5년에 걸쳐서 쓰여진 작품들이라고 밝히고 있다. 이 시집 첫머리에 있는 「소경이정(小景異情)」은 6편으로 이루어진 연작시이다. 그리고, 각각의 시는 짧은 내용으로 되어 있는데, 그 중에서도 특히 널리 알려진 작품은 위에 소개한 두 번째 연이다.

'소경이정'이라는 제목은, 조그만 풍경에 관한 색다른 시적 정서에 의한 것이지만, '이정(異情)'이라고 부르는 것이 어울릴 정도로 종래의 서정시와 비교하여 시적 정서가 신선하고 개성적이다. 서정소곡(抒情小曲)은 일반적인 서정시에 비해서 단순히 형태가 작을 뿐만 아니라, 작품의 모티브가 순수하고 원초적이어서 스케치하듯이 감정을 솔직하게 표현한 데에 특징이 있다. 이러한 종류의 형식은, 신체시에서 근대시로의 과도기적 시대에 해당하는 명치시대 말기에서 다이쇼시대 초기에 걸쳐서 즐겨 사용되어졌는데, 사이세이의 시는 근대적 개성의 재치와 정감의 신선함으로 독특한 시의 경지를 나타내고 있다.

젊은 날의 사이세이는, 그 복잡한 가정환경 때문에 일찍부터 인생의 고독을 알고, 또한 애정에 굶주리고 있었다. 문학에 뜻을 두고, 1909년 상경했는데, 방황과 빈곤한 생활로 뜻을 이루지 못하고, 몇 번인가 고향 가나자와와 도쿄를 왕복하고 있다. 그리고 도쿄에서 먹고살기 힘들면 고향으로 돌아와서 잠시 머문다. 그러나 엄격한 양어머니는 사이세이가 안정된 직업이 없이 돈 한 푼 제대로 벌지 못하는 것을 꾸짖기 때문에 마음을 잡지 못하고, 양아버지에게 얼마 안 되는 돈을 받으면 집을 뛰쳐나가곤 한다. 『서정소곡집』은 이러한 생활 속에서 쓰인 것이다.

이 시는 고향에 대한 사모의 정을 중심으로 이루어져 있는데, 시의 정서는 복잡하고, 기대에 어긋난 환멸과 부정의 심경을 토대로 한 애상의 아픔이 흐르고 있다. 구성은 전후 각 5행에 나뉘어서 정겹게 회상하고, 슬프게 노래하는 것으로 가령 타향에서 거지가 되더라도 돌아올 곳은 아니라고 하는 부정적 감회를 노래하고, 후반에서 고향을 멀리 떠나 도회지에서, 저녁 무렵에는 망향의 정으로 눈물짓는 것이 나날인데, 그 사모의 정을 품고서 또한 도시로 돌아가려고 하는 결의를 표명하고 있다.

시 해석에 있어 문제가 되는 것은, '머나 먼 도회지'를 시인의 고향 가나자와로 볼 것인지, 아니면 도쿄로 볼 것인지 이다. 이 해석의 문제로 감상에도 미묘한 차이가 생기는데, 일반적으로는 '도쿄'로 보는 견해가 유력하다. 하기와라 사쿠타로는 이 시에 관해서 "소년시절의 작가가 도회지에서 빈털터리가 되어 방랑하고 있던 무렵의 작품이다. 양어머니와 다투고, 고향 사람들로부터 손가락질을 받아 단신으로 도쿄에서 방랑해 온 젊은 작가는, 헛되게 의식주를 해결할 길을 찾아서 거지와 같이 날마다 거리를 방랑한다. 그러한 도회지의 하늘에는, 항상 개인 푸른 하늘이 있고, 태양은 빛나고, 참새는 공원의 나무들에서 지저귀고 있었다. 거리에 모르는 사람들 물결에 시달리며 홀로 도시의 저녁 무렵 방황할 때, 머나 먼 타향에서 느끼는 고독의 비애는 머나 먼 고향에 대한 애절한 사모의 정을 막을 수 없었을 것이다. 게다가 그 고향에는 사람들이 나를 미워하고, 깔보고, 채찍질하고, 조소하고 있다. 설령 빈털터리가 되어서 거지처럼 굶어 죽더라도 결코 돌아갈 곳은 없다. 고향은 단지 꿈속에만 존재한다. 홀로 도회지의 해질 무렵 머나 먼 타향에서 느끼는 고독한 몸을 한탄하며 슬픈 고향 하늘을 바라보고 있다. 단지, 그 마음으로 머나 먼 도회지로 돌아가고 싶다고 표현하고 있다. 여기서 고향을 도회지라고 표현하고 있는 것은, 자신의 고향이 농촌이 아니고 가나자와시이기 때문"이라고 시인은 말하고 있다.

무로 사이세이(室生犀星)
1889년-1962년. 이시카와(石川)현 출신으로 고등학교를 중퇴하고 가나자와(金沢) 지방재판소에 급사로 일하면서 하이쿠 짓기를 배워 지방의 문예지 등에 투고하다가 1910년에 상경했다. 『스바루(スバル)』 등에 시를 게재하여 야성미 넘치는 서정 시인으로 인정받게 된다. 1924년에 『인어시사(人魚詩社)』를 설립하였고, 1918년에는 날카로운 애상감으로 넘치는 시집 『서정소곡집(抒情小曲集)』을 간행하여 인기를 모았다. 1920년에는 『성에 눈뜰 무렵(性に眼覺める頃)』이라는 소설을 발표하기도 했다.

〈미야자와 겐지(宮澤賢治)〉

비에도 지지 않고
바람에도 지지 않고
폭설에도 여름철 무더위에도 지지 않는
튼튼한 몸을 가지고
욕심 없이
결코 화내지 않고
언제나 조용히 웃고 있다
하루에 현미 네 홉과
된장과 약간의 야채를 먹고
모든 일에
자신을 계산에 넣지 않고
잘 보고 들어서 이해하며
그리고 잊지 않고
들판에 있는 소나무 숲 그늘의
자그마한 초가지붕 오두막에 살며
동쪽에 병든 아이가 있으면
가서 간호해 주고
서쪽에 지친 아낙네가 있으면
가서 나르다 만 볏짚을 지고
남쪽에 임종을 앞둔 사람 있으면
가서 두려워하지 말라 하고
북쪽에 싸움이나 소송이 있으면
쓸데없는 짓이니 그만 두라 하고
가뭄이 심할 때에는 눈물을 흘리고
냉해인 여름에는 허둥지둥 걷고
사람들로부터 얼간이라 불리고
칭찬도 듣지 못하고

골칫거리도 되지 않는
그러한 사람이
나는 되고 싶다

雨ニモマケズ
風ニモマケズ
雪ニモ夏ノ暑サニモマケヌ
丈夫ナカラダヲモチ
慾ハナク
決シテ瞋ラズ
イツモシヅカニワラッテヰル
一日ニ玄米四合ト
味噌ト少シノ野菜ヲタベ
アラユルコトヲ
ジブンヲカンジョウニ入レズニ
ヨクミキキシワカリ
ソシテワスレズ
野原ノ松ノ林ノ蔭ノ
小サナ萓ブキ
小屋ニヰテ
東ニ病気ノコドモアレバ
行ッテ看病シテヤリ
西ニツカレタ母アレバ
行ッテソノ稲ノ束ヲ負ヒ
南ニ死ニサウナ人アレバ
行ッテコハガラナクテモイヽトイヒ
北ニケンクヮヤソショウガアレバ
ツマラナイカラヤメロトイヒ

ヒデリノトキハナミダヲナガシ
サムサノナツハオロオロアルキ
ミンナニデクノボートヨバレ
ホメラレモセズ
クニモサレズ
サウイフモノニ
ワタシハナリタイ

겐지는 평소 시를 쓰기 위하여 항상 연필과 메모장을 갖고 다니면서 그때 그때의 느낌을 적어서 메모했다. 그리고, 평생 여러 종류의 수첩을 사용하여 메모들을 남기고 있는데, 말년에 사용했던 수첩 메모에 소위 「비에도 지지 않고(雨ニモマケズ)」라는 시가 있다. 1931년에 도쿄에서 병에 걸려 고향에 돌아와서 병상에 누워 쓴 메모로, 11월 3일이라는 날짜만 붙어 있고 제목이 없기 때문에, 편의상 시의 첫 행을 제목으로 삼았다. 이 시의 300자 정도의 글이 시인지, 아니면 단순한 생각이나 원망에 대한 소극적 표현인지는 논쟁의 여지가 있다. 지금은, 겐지의 시집에 실려 있고, 형태로서도 시의 모습을 하고 있지만, 겐지는 세상에 발표하려는 의지가 없었을 것이다. 왜냐 하면, 수첩에 연필로 기록하여 트렁크 속에 처넣고 있었기 때문이다. 그러나, 현재 이 시는 모르는 일본인이 없을 정도로 유명한 시가 되어 있고, 오히려 겐지의 대명사와 같이 여겨지고 있다.

2차 대전 때 이 시가 교과서에 실렸었는데, 문부성(文部省)이 전시체제 하의 배급제도에 편승하여 현미 4홉을 현미 3홉으로 고쳐서 실은 적도 있다. 시의 내용은 위정자에게 이용되는 취약점도 있지만, 시가 쓰인 1931년 무렵 도호쿠지방의 농촌 실상을 생각하면서 작품을 읽어야 할 것이다.

겐지 사후에 소위 '비에도 지지 않고 논쟁(雨ニモマケズ論争)'을 불러일으켜 화제가 되기도 하는데, 메이지시대 이후의 시들 중에서 최고의 시라고 평가되어 정신적 수준에 있어 견줄만한 시가 없다고 하는 극찬을 받기도 한다. 그러나, 반대로 거듭된 실패로 인한 겐지의 고독과 무력이 그려져 있다는 비판적 견해도 있다. 어떻든, 종교적으로 순화되어진 인간에 대한 선의와 헌신이 그려져 있고, 그 자신에 대하여 경각심을 불러일으키는 내용을 갖고 있다는 점은 부정할 수 없을 것이다. 요컨대 이 시를 정신적, 종교적 측면에서 볼 것인지 아니면 문학적이나 시의 기교적 측면에서 볼 것인지에 관한 차이이다.

미야지와 겐지(宮澤賢治)

1896년-1933년. 시인이며 아동문학가이다. 농업학교 교사로 근무하면서 1924년에 시집 『봄과 수라(春と修羅)』와 동화집 『주문이 많은 음식점(注文の多い料理店』을 출간하였으나 좋은 반응을 얻지 못했다. 1926년부터는 농업에 종사하며 농업기술개선을 위한 기사 및 문화지도사로서 활약하기도 했다. 1928년에 늑막염으로 쓰러진 후에도 죽기 전까지 집필활동을 계속했다. 그의 작품은 생전에는 빛을 보지 못하다가 사망 후 그 가치를 인정받게 된다. 대표시집인 『봄과 수라(春と修羅)』는 농민적 발상과 종교적 인간애를 불교의 법화경적인 우주관으로 형상화 했다고 할 수 있다.

〈나카노 시게하루(中野重治)〉

신군이여 잘 가게나
김군이여 잘 가게나
자네들은 비 내리는 시나가와역에서 기차에 오른다

이군이여 잘 가게나
또 한 사람 이군이여 잘 가게나
자네들은 자네들 부모가 있는 고국으로 돌아간다

자네들 고국의 강은 추운 겨울에 언다
자네들의 반역할 마음은 이별의 순간에 언다

바다는 황혼 속에 천둥과 같은 소리를 낸다
비둘기는 비에 젖어 차고의 지붕에서 날아 내려온다

자네들은 비에 젖어 자네들을 쫓는 일본천황을 생각한다
자네들은 비에 젖어 수염, 안경, 등이 굽은 그 사람을 생각한다

세차게 내리치는 빗속에 신호등은 켜지고
세차게 내리치는 빗속에 자네들 눈동자는 날카로워진다

비는 포석 위에 내리고 어두운 바다 위에 떨어진다
비는 자네들의 뜨거운 뺨에 사라진다

자네들의 검은 그림자는 개찰구를 스쳐간다
자네들의 흰 옷자락은 플랫폼 어둠 속에 펄럭인다

신호들은 색이 바뀐다
자네들은 올라탄다

자네들은 출발한다
자네들은 사라진다

잘 가게나 신군이여
잘 가게나 김군이여

잘 가게나 이군이여
잘 가게나 여자 이군이여

가서 그 딱딱하고 두껍고 매끈한 얼음을 두들겨 깨라
오래 가로막혀 있던 물로 하여금 분출하게 하라
일본 프롤레타리아 계급의 후위대(後衛隊) 전위대
잘 가게나
보복의 환희로 울고 웃는 날까지

辛よ さようなら
金よ さようなら
君らは雨の降る品川駅から乗車する

李よ さようなら
もひとりの李よ さようなら
君らは君らの父母の国にかえる

君らの国の河はさむい冬に凍る
君らの叛逆する心はわかれの一瞬に凍る

海は夕ぐれのなかに海鳴りの声をたかめる
鳩は雨にぬれて車庫の屋根からまいおりる

君らは雨にぬれて君らを逐う日本天皇をおもい出す
君らは雨にぬれて 髯 眼鏡 猫背の彼をおもい出す

ふりしぶく雨のなかに緑のシングナルはあがる
ふりしぶく雨のなかに君らの瞳はとがる

雨は敷石にそそぎ暗い海面におちかかる
雨は君らのあつい頬にきえる

君らのくろい影は改札口をよぎる
君らの白いモスソは歩廊の闇にひるがえる

シグナルは色をかえる
君らは乗りこむ

君らは出発する
君らは去る

さようなら 辛
さようなら 金

さようなら 李
さようなら 女の李

行つてあのかたい 厚い なめらかな氷をたたきわれ
ながく堰かれていた水をしてほとばしらしめよ
日本プロレタリアートの後だて前だて
さようなら
報复の歓喜に泣きわらう日まで

위의 시는 1929년에 종합잡지 『개조(改造)』에 실린 시로 『비 내리는 시나가와역(雨の降る品川駅)』이라는 제목이다.

신(辛)이나 김(金)이라고 하는 성씨를 가진 사람들이 왜 일본에 살게 되었던 것일까? 왜 비를 맞으면서 부모가 있는 고국으로 돌아간 것일까? 가령, 그 이유를 알지 못하더라도, 이 시는 독자에게 충격적 내용이다. "자네들은 비에 젖어 자네들을 쫓는 일본천황을 생각한다／자네들은 비에 젖어 수염, 안경, 등이 굽은 그 사람을 생각한다"라고 하는 부분이 있기 때문만은 아니다. 이 시가 쓰여진 1930년 무렵 시나가와역 홈에서 바다가 보였다고 한다. 그래서, 시의 내용에도 "비는 포석 위에 내리고 어두운 해면에 떨어진다／비는 자네들의 뜨거운 뺨에 사라진다"라고까지 그려지고 있다. 초기 프롤레타리아 시의 고전이라고 일컬어지는 이 시는, 당시의 독선적인 문학이나 미니어처로 만들어진 정원과 같은 문예를 떨쳐버리고 있다고 하겠다.

나카노 시게하루(中野重治)

1902년-1979년. 시인, 소설가, 평론가이다. 1924년에 동인지 『당나귀(驢馬)』를 창간하여 『동트기 전의 이별(夜明け前のさよなら)』 등을 발표하며 프롤레타리아 시인으로 등단했다. 1928년에 '전일본무산자예술연맹(나프)'의 기관지인 『전기(戰旗)』의 편집에 종사하며 프롤레타리아 문학 운동의 대표적인 이론가이자 작가로서 활약했다. 1931년에 공산당에 입당한 이후 수감과 집필금지 처분을 당하며 많은 수모를 겪었다. 패전 후에는 천황 중심의 정치 체제를 비판한 소설 『다섯 잔의 술(五酌の酒)』을 출판하기도 했으며 참의원으로 당선되어 정치 활동에도 참가했다.

〈다와라 마치(俵万智)〉

"이거 맛 좋군"／하고 그이가 칭찬／했기 때문에/
7월 초엿새날은／샐러드의 기념일

「この味いいね」と君が言ったから
七月六日はサラダ記念日

가집 제목과 일치하는 '샐러드 기념일'이라는 표현이 등장하고 있는데, 이 단가는 마치 단가에 있어서 몇 가지 특징을 대변하고 있다. 우선 첫째는, 종래 단가의 딱딱한 이미지를 탈피하고 있다. 둘째는, 매우 밝고 가벼운 감각적 분위기를 나타내고 있다. 셋째는 배타적으로 일본어만을 고집하지 않고 '샐러드(サラダ)'와 같은 외래어도 필요하다면 거리낌 없이 사용하고 있다. 넷째는, 단가의 5·7·5·7·7이라는 음수율에 어느 정도는 맞추면서도 표현하는 의미를 음수율에 맞추어 음수율별로 의미를 나타내는 것을 무시하고 있는 경우들이 많다는 점이다. 즉, "ko-no-a-ji-i-i-ne-to"(「この味いいね」と)라고 하여서 그 자체적으로 의미를 나타낼 수 있지만, 8음절이나 되어서 5음절에 맞추어 있지 않고, 그 다음에 오는 7음절에까지 걸쳐 있는 경우이다.

마치는, 단가를 지을 때 단순히 현재 일본 젊은이들이 사용하는 단어만을 사용하지 않고 있다. 일본어의 고어에서 현대어까지 광범위하게 사용하여, 옛날 말과 현대어가 세련되게 조화를 이루고 있다. 그녀의 업적은, 간결함이나 연상 그리고 음악성이라는 전통적인 단가의 장점을 살리면서, '게임(ゲーム)', '넥타이(ネクタイ)', '모닝콜(モーニングコール)', '재즈콘서트(ジャヤズコンサート)' 등과 같은 영어나 일상생활의 일본어를 적절히 사용하여 메시지를 자연스럽게 전달하고 있다는 점이다.

이 노랠 틀고／해안 도로를 따라／노랠 들으며／
넌 항상 질주한다／'호텔 캘리포니아'

この曲と決めて海岸沿いの道
とばす君なり「ホテルカリフォルニア」

단가의 원문에 쓰여진 'なり(nari)'는 옛날 일본 고어에 쓰인 단어로 '호텔 캘리포니아'라는 노래 제목에 들어 있는 현대적·미국적 정취와 대조를 이루고 있다.
단가에 담겨져 있는 마치의 감정은 솔직해서 마음에 깊이 와 닿지만, 결코 쓰라리거나 압도적이지 않다.

햄버거가게／자리를 툴툴 털고／일어나듯이／
나는야 그 남자를／내버리고 말거야

ハンバーガーショップの席を立ち上がるように男を
捨ててしまおう

이 단가에서 남자와의 교제를 끝내는 데에서 발생할 수 있는 슬픔은, 신속하고 깔끔한 결단을 통하여 말끔히 해소되고 있다.
『샐러드 기념일』의 작품 세계에서 마치는, 밝고 냉정하게 객관적 눈으로 그녀 자신과 주변을 바라보며 결코 완전히 감정을 잃지 않고 자신과 조금 거리를 두고 서 있다. 그리고, 사랑 혹은 사랑의 결핍이 비록 마치 단가의 중요한 중심이라고 할 수 있다. 그러나 또한 그녀는 가정과 가족, 대도시의 삶, 자신의 교사 경험, 음악과 요리와 야구와 바다, 중국여행, 그리고 갑작스런 통찰이나 별난 생각 혹은 예감이나 놀람과 같은 기묘한 순간들에 관한 단가를 쓰고 있다.

"아이 추워라"/하고 말을 꺼내면/"아이 추워라"/
하고 대답해 주는 /사람이 있는 따스함

「寒いね」と話しかければ「寒いね」と
答える人のいるあたたかさ

그이와 함께/먹는 삼백 엔짜리/붕장어 초밥/
그 맛이 바로 바로/사랑임을 알았네

君と飲む三百円のあなごずし
そのおいしさを恋とこそ知れ

복도가에서/학생들과 나누는/인사말들이/
조금은 쑥스러운/오늘은 개학 첫날

廊下にて生徒と交わすあいさつが
ちょっと照れてる今日新学期

도쿄로 가는/아침 엄마는 유독/늙어 보인다/
오늘 헤어졌다가/못 만날 세월만큼

東京へ発つ朝母は老けて見ゆ
これから会わぬ年月の分

마치는 모든 순간이 열정적으로 완전하게 살아 있는 삶과 사건들에서 아름다움을 찾으며, 삶 속의 평범한 것들이나 지극히 사소한 일에 가치를 두고 있는 노래들을 『샐러드 기념일』을 통하여 노래하였다고 하겠다.

다와라 마치(俵万智)

1962-현재. 가인이며 비평가로 활동 중이다. 1986년에 『8월의 아침(八月の朝)』으로 가도카와단가상(角川短歌賞)을 수상했다. 1987년에 발표한 『샐러드 기념일(サラダ記念日)』은 280만 부가 넘는 베스트셀러가 되었다. 이어서 『바람의 손바닥(かぜのてのひら)』(1991년), 『초콜릿 혁명(チョコレ-ト革命)』(1997년), 『초콜릿어 역〈헝클어진 머리카락〉(チョコレ-ト語譯〈みだれ髮〉)』(1998년) 등을 출판하였다. 마치의 단가는 고어와 현대어를 세련되게 조화시키고 있으며 외래어나 부호 등도 시어로 포함시키는 등 현재까지의 그 어떤 단가에서도 볼 수 없었던 획기적인 단가를 읊고 있다. 현대적인 감각을 잘 살리면서도 일본 전통시의 리듬인 5,7,5,7,7 의 31자로 된 정형시를 만들어 현대 일본인들에게 전통의 중요성을 깨우치는데 크게 기여했다는 평가를 받고 있다.

일본 시가문학 길라잡이

일본 시가문학 길라잡이
日本詩歌文學

초판 인쇄	2017년 12월 20일
초판 발행	2017년 12월 26일

지은이	최충희
발행인	김인철
총괄 · 기획	가정준 Director, University Knowledge Press
편집장	신선호 Executive Knowledge Contents Creator
도서편집	박현정 Contents Creator
전자책편집	이리나 e-Contents Creator
재무관리	김은혜 Managing Creator
마케팅 파트장	백승이 Chief Marketing Creator
마케팅	박종원 Marketing Creator
발행처	한국외국어대학교 지식출판원 02450 서울특별시 동대문구 이문로 107 전화 02)2173-2493~7 팩스 02)2173-3363 홈페이지 http://press.hufs.ac.kr 전자우편 press@hufs.ac.kr 출판등록 제6-6호(1969. 4. 30)
디자인 · 편집	(주)이환디앤비 02)2254-4301
인쇄 · 제본	네오프린텍 02)718-3111

ISBN 979-11-5901-247-1 03830 정가 20,000원

*잘못된 책은 교환하여 드립니다.

HUiNE은 한국외국어대학교 지식출판원의 어학도서, 사회과학도서, 지역학 도서 Sub Brand이다. 한국외대의 영문명인 HUFS, 현명한 국제전문가 양성(International +Intelligent)의 의미를 담고 있으며, 휴인(携引)의 뜻인 '이끌다, 끌고 나가다'라는 의미처럼 출판계를 이끄는 리더로서, 혁신의 이미지를 담고 있다.